秘録大東亜戦争

——搔き消された市井の人たちの生きざま、死にざま

早坂隆

育鵬社

本書は二〇一三年七月に中央公論新社より発行された
『鎮魂の旅』を全面的に改訂したものです。
文中の引用部は適宜、新字体に改めたうえ、誤字脱字
の修正、句読点の追加などを行いました。

まえがき

本書は一〇年前に刊行された『鎮魂の旅　大東亜戦争秘録』（中央公論新社）の復刊である。元々、月刊『中央公論』で連載していた記事が望外の評判を得たために書籍化されたもので、体裁としては「戦記短編ノンフィクション集」ということになる。

本書を通じた問いかけの一つが、「日本人の精神とは何か」ということである。戦前戦中の日本人が何を考え、何を誇りとし、何に悩み、どのように「あの戦争」を戦ったのか。そこにあった「生きざま」と「死にざま」。あるいは美醜《びしゅう》。もしくは叫び。

正邪や善悪といった安易な尺度に引きずられないよう、偏狭な思想にとらわれぬよう、日本はもちろん世界各地を取材し、多くの人々に会って史実の欠片《かけら》を拾い集めた。

「秘録」を謳《うた》った本書だが、どの章も教科書や学術書には載っていない、知られざる隠れた史実を題材としたノンフィクションとなっている。史実を探求していく取材はまさに「歴史ミステリー」の面白さと奥深さ、そして畏怖をも感じながらの一つの「旅」であったが、本書は痛みの伴うノンフィクションでありながらも、読書のおかしみを意識した「ノンフィクション・ミステリー」の可能性を探りながら綴った。

各章が独立した短編ノンフィクションのため、どの章から読んでいただいても構わないが、著者としては巻末の第一〇章だけは目次通り最後に読んでほしいと思っている。理由をここで明確にすることはしないが、読了後になんとなくその意味を感じていただければ嬉しい。

副題には「市井《しせい》の人たち」という表現を用いたが、この言葉が意味する範囲の中に「軍人」が入るか否かについては議論があろう。しかし、先の大戦で戦った多くの兵士たちは元来、商店の主人だったり、教師だったり、サラリーマンだったりしたごく普通の「市井の人たち」であった。そんな彼らが、懸命に戦ったのが大東亜戦争の実態だったと言える。そんな意味を込めて、この副題とした。

本書に登場する方々の多くが、今や鬼籍に入《はい》っている。今回の復刊にあたって原稿を読み返してみると、取材に応じていただいた方々の懐かしい表情が改めて次々と思い起こされる。とある方は、戦後日本の戦争観の貧しさを悔しそうに語った。とある方は、日本の将来について募る不安を打ち明けた。とある方は、亡き戦友たちの無念を思って涙された。

この本はそんな方々の遺書でもある。

第二章　Uボート内に散った日本人技術者
――庄司元三海軍技術中佐の最期

第四章　特攻隊発祥の地を歩く
――敷島隊員・谷暢夫の生涯を追って

第五章　函館俘虜収容所第一分所で何が起きたのか
――陸軍大尉・平手嘉一の事例

第一〇章 台湾で神になった日本人兵士
——台南市・飛虎将軍廟を護る人々

第一章　玉音放送後に刻まれた哀傷

――樺太看護婦集団自決事件

炭坑病院の看護婦たち

天と地の狭間《はざま》に存《そん》する生命の諸相とは、平仮名の「く」の字にも似た一つの揺らめきのようなものによって編まれているのではないだろうか。蓋《けだ》しそれは、葦《あし》の営みのそよぎである。もしくは、貝殻が軋《きし》んで割れる音である。目の前に座する老女が織りなした一個の生涯を想う時、そんな畏怖にも似た感触が、粟立《あわだ》つような痛覚と共に去来する。

§

昭和初期、樺太《からふと》の主たる産業といえば、石炭業と製紙業であった。

樺太の西海岸に位置する恵須取《えすとる》町の大平《たいへい》地区は、「露天掘り」で有名な炭坑の町だった。当時、樺太で最大の人口を誇ったのは、樺太庁の置かれた豊原《とよはら》ではなく、実はこの恵須取であった。恵須取には当時、約三万九〇〇〇人もの人々が暮らしていたという。大平炭坑における石炭の産出量は、九州の筑豊《ちくほう》炭田にも匹敵した。

一方、樺太でのパルプの生産は、王子製紙が中核を担っていた。その生産量は、日本の需要の約半分を賄うほどであったとも言われている。

炭坑とパルプは切っても切れない関係にある。大平炭坑は王子製紙系列の炭坑で、ここで採掘される石炭が、パルプ工場の燃料として使用された。

この町にある大平炭坑病院（大平鑛《こうぎょう》業所病院）はその名の通り、炭坑の附属病院であり、王子製紙の系列下にあった。病院には外科や内科はもちろん、耳鼻科、眼科、産婦人科などがあり、レントゲン検査室も完備した大型病院であった。

しかし、大東亜戦争の戦局の悪化に伴って、樺太の炭坑は衰退の道を辿《たど》った。内地までの長距離に及ぶ輸送路が、戦時のリスクとして嫌厭《けんえん》されたのである。こうした影響から、炭坑病院もその規模を縮小せざるを得なかった。

昭和二〇年、看護婦として同病院に勤めていた片山寿美《すみ》（二七歳。年齢は当時。以下同）は、病院附属の寄宿舎で暮らしていた。未婚の看護婦のほとんどは、寄宿舎での共同生活を送っており、姉妹のように仲が良かった。看護婦たちの中には、まだ一〇代の少女も少なくなかった。

片山は、婦長の高橋フミ（三三歳）と同部屋で、特に親交が深かった。高橋婦長は、男勝りの毅然とした性格であったという。片山は看護婦の他、産婆の国家資格も持っており、幅広い職務に就いていた。

樺太を巡る状況が暗転するのは、八月八日にソ連が日ソ中立条約を一方的に破棄し、一一日に南樺太の占領作戦を開始してからである。

樺太の南北を隔てる国境附近では激しい地上戦へと突入したが、戦火は恵須取までは及ばず、一五日に終戦。片山は玉音放送を寄宿舎で聴いた。雑音がひどくて、内容もよく分からず、終戦の報についても半信半疑だった。片山は高橋婦長と共に、玉音放送の内容に関して周囲に聞いて回った。しかし、どうやら「敗戦は間違いない」という話であった。信じられない気持ちだった。

玉音放送後の空襲

しかし、片山にとっての戦争は、実はこれが始まりだったのである。

翌一六日の午前三時頃より、ソ連軍による大平への空襲が突如として始まった。炭坑の町に空襲警報のサイレンが鳴り響き、容易ならぬ事態の到来に、町は一気に混乱した。町民は一斉に避難を始めた。

空襲の被害者たちが、大平炭坑病院に次々と運び込まれてきた。片山は、

(戦争は終わったはずなのに)

と思いながらも、目の前の救急活動に追われ、それ以上、深く考える余裕はなかった。

病院の主な機能は、すでに大平神社の近くに予《あらかじ》め造られていた横穴式防空壕（炭坑病院待避所）へと移されていた。この防空壕は元々あった炭坑の横穴を利用したものであった。

戦争は前日に終わっているにもかかわらず、空襲はいよいよ苛烈となり、防空壕には絶えず負傷者が搬送されてきた。防空壕の入り口には筵《むしろ》が掛けられていたが、爆弾が炸裂するたびに閃光《せんこう》が走るのが見えた。

隣町の塔路《とうろ》から逃げて来る人たちの姿も多かった。海沿いの町である塔路は、ソ連軍からの激しい艦砲射撃を受けていた。塔路から退避して来た人たちは、

「上陸も間近だろう。早く逃げたほうがいい」

と口々に忠告した。

実はこの時期、同病院では、すでに院長も応召している状態で、常勤の医師がいなかった。医師は応援の者が日替わりで、他の病院から来るのみであった。

この日は、大平地区の開業医である佐田という名の医師が来院していた。空襲下でも、この佐田の手により、重症患者への手術が迅速に行われた。

主な手術が終わった後、佐田医師は本来の病院に戻った。その後も防空壕では看護婦たちによる救命活動が続けられた。

当時、大平鑛業所で工作課長の役職にあった小野寺豊男は、この横穴式防空壕の様子を、後

にこう書いている。

〈神社の下を歩き出すと鳥居のわきに横穴の防空壕があって、のぞいて見たら雫が垂れるじめじめしたうすぐらい中で、看護婦さん達が重病と思われる患者たちの看護に当っているではありませんか。驚きました〉


(『樺太大平炭坑病院殉職看護婦慰霊「鎮魂」の碑　除幕式記念誌』)


午後になると「上陸したソ連軍がいよいよ大平に接近中」との情報が入った。このような状況下で、看護婦たちにも炭坑側から避難命令が伝えられた。しかし、婦長の高橋は、

「重症患者を残してはいけません。私たちは残ります」

と言って、その命令を拒んだ。彼女たちは自らの役割に忠実であろうとした。

その後、何名かの看護婦の親が、娘を連れて逃げようと壕まで迎えに来た。

「どうせ死ぬなら親子一緒に死にたい」

しかし、高橋婦長は、

「看護婦の手が足りません。娘さんを私に預けていただけませんか」

と言った。結局、二、三名の看護婦は、親と共に逃げることとなった。一方、

「婦長さんにお任せします」

と言い残し、娘の安否を高橋に託して壕をあとにする親もいた。高橋は、

「最後まで看護婦としての職務を全うしましょう」

と看護婦たちに声をかけたという。

だが、ソ連兵の足音は確実に接近して来ていた。事態は切迫していた。やがて患者たちからも看護婦らに対し、

「一刻も早く逃げなさい」

という声があがった。そしてついに「塔路の方角から、山伝いにソ連兵の隊列が近づいて来るのが見えた」という情報が届いたのである。

ここにおいて高橋婦長は、

「ソ連兵も重症患者には手を出さないだろう」

との結論に至り、動くことが困難である重患たちに対して最後の投薬を済ませ、残りの薬や食糧、水などを枕元に置いてから、ようやく避難を開始した。

彼女たちが壕から出た時、辺りは夕闇に包まれていた。

地獄の逃避行

山の中腹に設けられた壕から出た二三名の看護婦たちは、まず山の頂へと登った。そこから眼下を眺めると、暮色の中にある町並みが、火群《ほむら》に飲まれているのが見えた。

それから彼女たちは、南の方角へと歩き出した。

彼女たちは夜道を進んだ。自分の家族もこの先の道を避難しているはずだった。早朝から引きも切らずに続いた救護活動による激務で、心身ともに疲れ果てていたが、家族に追い付きたい一心で、彼女たちは先を急いだ。

逃避行中もソ連軍の飛行機が、しつこく頭上を飛んでいた。機銃掃射があると、彼女たちは草むらに身を伏せた。時折、照明弾が落とされて、周囲がパッと明るくなった。片山は、

（兵隊と避難民の区別くらいつくだろうに。何故《なぜ》、私たちをこんなに執拗《しつよう》に攻撃する必要があるのだろうか）

と思った。

武道沢という山裾《やますそ》の辺りまで来た時、反対側から逃げて来た人たちと鉢合わせになった。その集団は、手に竹槍を持った白鉢巻姿の少女たちの一団であった。その集団を引率している男性の話に拠《よ》ると、

「すでに周囲をソ連兵に囲まれている」

という。

遅かった。これでは前へ進むことも、大平に戻ることもできない。

(見つかったら何をされるか分からない)

彼女たちはそう思い、呆然となった。周囲はとうに深い闇である。

看護婦たちは、高橋婦長の周囲に身を寄せ合った。

彼女たちの顔に諦観の念が浮かぶ。そしてとうとう、高橋婦長の口から、

「申しわけないけれども、ここで最期の時としましょうね」

という運命の言葉が発せられたのであった。

高橋婦長の言葉を聞いた看護婦たちに、取り乱すような雰囲気はなかったという。

片山の気持ちも、婦長と同感だった。

(日本婦人として当然のこと。辱めを受ける者が一人でもあってはいけない)

看護婦の一人である工藤咲子の祖母は、付添婦として病院で共に働いていたため、一緒に逃避行を続けていたが、高橋婦長が、

「ソ連兵でも老人には乱暴しないでしょう。おばあさん、元気でいなさいよ」

と言って、彼女とはここで別れた。

看護婦たちは道の脇へと歩を転じ、沢の奥のほうへと進んで行った。

現在、東京都に住む中村和幸さんは当時、樺太に住んでいた。実姉の杉子が、炭坑病院の看護婦たちと仲が良かったという。中村さんは言う。

「その時の彼女たちの脳裡には、尼港《にこう》事件があったのだと聞いています」

尼港事件とは一九二〇年、尼港（ニコライエフスク港）において、日本陸軍の守備隊（第一四師団歩兵第二連隊第三大隊）と、民間の日本人居留民が、ロシア人を主とする共産パルチザンに虐殺された事件である。この事件による犠牲者の数は約七〇〇名にも及び、その約半数が民間人であった。特に婦女への暴行、強姦は言語を絶する地獄絵図であったという。この事件は世界的にも大きく報道されたが、当事者である日本人の間に遍《あまね》く知れ渡っていたのは当然のことであった。

実際、目の前のソ連軍は、逃避行中の民間人にも見境のない機銃掃射を続けている。看護婦たちが抱くソ連軍への不信感が頂点に達していたのは、自然な感情の推移であったろう。

看護婦たちが選んだのは、凌辱よりも静寂なる死であった。

それからしばらくの間、彼女たちは沢の周辺を浮雲のごとく歩き回った。やがて、彼女たちの目に、小高い丘陵地が見えた。丘の上には一本の楡《にれ》の大木が立っていた。彼女たちは、吸い寄せられるようにして丘を登り、その楡の木の下へと集まった。周囲には草を刈った跡があり、そこは広大な牧場の一角のようでもあった。

その野辺こそ、彼女たちが漂流の末に選んだ死に場所だったのである。彼女たちの虹彩《こうさい》は、その楡の喬木《きょうぼく》を自らの墓標と看做《みな》したのであった。

最期の歌

丘の上はほぼ平坦だった。

楡の木の周囲に集まった二三名の看護婦たちは、大地の上に腰を下ろし、夜空を仰いだ。星がきれいに瞬いていた。時折、遠方から爆音が届いた。

「明けの明星が出る頃に決行しましょう」

高橋婦長がそう言い、斯様《かよう》な事態となってしまったことを改めて皆に詫びた。

彼女たちは、これまでの勤務生活の中での楽しかった思い出を語ったり、自分の至らなかったところを懺悔《ざんげ》したりした。

お互いの髪を櫛で梳《と》かし合う者たちもいたという。彼女たちは、まさに死なんとする間際まで女性、もしくはその蕾《つぼみ》であった。

看護婦たちが鑛業所の従業員たちとハイキングに行った時の写真が今も残っている。彼女たちのまだあどけない、はにかんだような笑顔が、そこには写り込んでいる。その青春の最中には、後にこんな日が訪れようとは、夢想だにしなかったに違いない。

楡の大木の周囲に腰を下ろしながら、彼女たちは幾つかの歌を唄った。彼女たちは歌が好きで、寄宿舎でもよく一緒に声を合わせていた。

以前からよく皆で口ずさんでいた「山桜の歌」を唄った。看護婦主任の石川ひさ（二四歳）が、特にこの歌を愛唱していたという。

山ふところの山桜　一人匂える朝日かげ
見る人なしに今日もまた　明日は散りなんたそがれに

人は見ずとも桜花　めぐみの露に咲きみちて
散るを命の花なれば　ただ春風の吹くままに

かそけき歌声は、生の哀歓の末端に立つ者たちが得た、たまゆらの心の解放であった。彼女たちは最後に起立して「君が代」を斉唱した。

時は一七日の明け方となっていた。東雲《しののめ》の空が茜色《あかねいろ》に染まり始めている。

集団自決

一同は自決用に病院から持ち出していた睡眠薬を呑んだ。青酸カリなどの毒物は持っていなかった。大平炭坑病院では薬剤師が薬品を厳格に管理していたため、看護婦と雖《いえど》も青酸カリを持ち出すことはできなかったのである。

彼女たちは睡眠薬を等分にして口に含んだ。中には、麻酔薬を注射する者もあった。しかし、逃避行の間に、薬瓶が割れたりしていたため、薬の絶対量が足りなかった。これでは致死量に届かない。

そこで高橋婦長は、部下たちの手首の血管に、「切断刀」と呼ばれていた大きめのメスの刃を入れることにした。中には一瞬、怯《ひる》む少女もいたが、高橋婦長は、

「ごめんね」

と口にしながら、少女たちの血管を次々に割いていったという。

それでも死に切れず、中には包帯で自分の首を絞めようとする者もいた。蘇生するのを恐れた片山は高橋婦長に頼み、両方の手首にメスを入れてもらった。彼女は目を瞑《つぶ》って横になった。夏草が彼女の褥《しとね》となった。

前日から狂騒のような動静に追われてきた彼女たちは、それぞれの瞳を閉じた瞬間、ようや

く忘我の旅から解放され、自らの時間を取り戻せたのかもしれない。

楡の木は何事《なにごと》をか語れる。

それからどれくらいの時が経過したのか分からない。しかし、片山は幽明の境を彷徨《さまよ》う夢うつつの中で、誰かの声を聞いた。

「本当に死ねるのかしら……」

これに対し、高橋婦長と思われる人物が、こう返答したのを片山は記憶している。

「大丈夫よ。死ねるから」

その言葉を聞いた後、片山の意識は再び衰微し、深い眠りへと落ちていった。

ところが、片山は死ねなかった。今度は誰かが自分に声をかけているのに気が付いた。

「婦長さんも石川さんも、もう駄目になっちゃったわ。私たちも死ねるのかしら」

片山は朦朧《もうろう》としたまま、次のような意味の返事をしたという。

「皆、同じようにしたのだから。それに水もないし、このまま静かにしていれば必ず死ねるわ」

この時、片山は眩しいような強い日の光を感じたという。すでに夜が明け、太陽が昇っていたのであろう。

片山はそう言ったものの、死に至るほどの深い眠りを感じることはその後もできなかった。

その内に忽然《こつぜん》と、

「誰かが下のほうからこっちへやって来るわよ」

という声が聞こえた。片山は安堵よりも不安を感じた。それは、

(ソ連兵だったらどうしよう)

という恐怖であった。片山は目を閉じたまま耳を澄ませた。

「オーイ、オーイ」

徐々に近づいて来るその呼び声は日本語であった。

彼女たちを救出したのは、丘の下にあった「佐野農場」で働く鳴海竹太郎ら四名であった。

実は自決前に別れた工藤咲子の祖母が、不安そうに沢の奥のほうを見ながら、行きつ戻りつしているのを鳴海らが発見し、話を聞いて捜索にあたったのだという。この場所も実は、同農場の敷地内であった。農場の人は、

「あなたたちは早まった。大平はもう落ち着き始めて、町に人が戻りつつある」

と言った。

だが、その時にはすでに高橋婦長をはじめ、六名の看護婦の命が尽きていた。

亡くなったのは、婦長の高橋の他、石川ひさ、真田和代(二〇歳)、久住キヨ(一九歳)、佐藤春江(一八歳)、瀬川百合子(一七歳)である。

生き残った一七名は、一先《ひとま》ず佐野農場に匿《かくま》われた。ソ連軍の侵攻は、一定の小康を見せていた。一七名の内、一〇名は重体であったが、なんとか一命は取り留めた。

片山はどうしていいか分からなかった。改めて自決も考えた。しかし、片山は考え直した。高橋婦長が亡くなり、生き残った者の中では、片山が最も年上であった。生存者を親元に届けることが、自分の仕事ではないかと思った。片山は、

（自分が死ぬのはそれからでも遅くない）

と考えた。

一七日の夜は、雨がしとしとと降った。

父親との再会

その後、六名の骸《むくろ》は楡の木の近くに土葬された。六つの土饅頭ができた。道路の脇に卒塔婆も建てられた。町に戻る途中の僧侶が、お経をあげてくれたという。

生き残った看護婦たちの内、重体者以外の者は、元の病院へと戻ることになった。病院側から復帰するよう命じられたのである。片山は迷ったが、病院への復職こそが、亡くなった六名の遺志を継ぐことになると考えた。

ソ連軍の管理下に置かれた病院には、まだ電気も復旧していなかった。夜には外からソ連兵の歌声が聴こえてくるなど身の危険を感じたため、病院の地下の薬品倉庫で寝た。病室を駆け回る彼女たちの手首には、一様に白い包帯が巻かれていたという。

九月六日、六名の遺体が改めて荼毘《だび》に付された。

高橋婦長の遺骨は、婦長の父親の手に片山が渡した。残りの五名の遺骨は、家族がまだ避難先から戻っていなかったため、とりあえず寄宿舎の片山の部屋に安置された。すべての遺骨を遺族に返した後、片山は自死するつもりであった。

そんなある日、片山の父親が不意に病院に姿を現した。片山の父は、恵須取で食堂を営んでいた。片山の両親は、彼女が九歳の時に離婚していた。片山は父親のもとで育てられていた。終戦時、父は六六歳。避難先から逃げ戻って来たのだという。父は病院の玄関で、事務の者に、

「娘のお骨を取りに来ました」

と告げた。片山の父は、看護婦たちの集団自決の噂を聞き、娘ももはや亡くなっているものと思い、病院を訪れたのであった。

「おまえ、生きていたのか」

厳格な父親が、大粒の涙を流した。父のその顔を見た時、娘は胸がいっぱいになった。話し

たいことが沢山あるのに、うまく言葉を発することができなかった。
片山はこの瞬間においてようやく、それまでの揺蕩《たゆた》いから解き放たれ、
(年老いた父を置いて死ぬことはできない。自分が父親を支えなければ)
と思い直したという。
(六人の死を背負いながら、自分は生きる道を選ばなければならない)
片山は生を延《の》べる決心をした。

鎮魂の碑

「樺太における少女の集団自決事件」と言えば、真岡《まおか》の町で起こった郵便電信局の事件が知られている。真岡郵便局の電話交換手であった一二名の内、九名が局内で服毒自殺を図った事件である。恵須取の看護婦集団自決の三日後に起きたこの事件は、映画『樺太1945年夏 氷雪の門』や、ドラマの題材にもなり有名になった。

一方、大平炭坑病院の看護婦たちの集団自決事件は、この映画の中でも一場面は設けられてはいるものの、人の口の端にのぼることは少なかった。「もう一つの集団自決事件」は、ほとんど語られてこなかった。生存者である一七名の方々が、この事件に関して頑なに沈黙を守っ

ためである。

（生き残ってしまった）

という自責の念が、彼女たちを悲嘆の闇に閉じ込め、口を開かせなかった。

事件から約一年を経た昭和二一年の秋、片山寿美は自分を救助してくれた恩人である鳴海竹太郎と結婚した。鳴海からの求婚を一度は拒んだものの、その後に受け入れたかたちであった。

翌昭和二二年七月、二人は北海道へと引き揚げる。故郷である樺太は、遠い異国となった。その後、二人の男の子に恵まれた。

しかし、片山は結婚生活の間も、毎晩のように「あの日」のことを思い出した。

自分には幸福になる資格がないのではないか……。

そう自問自答を繰り返す日々だった。感じる必要のない後ろめたさを、彼女は抱えて生きた。

彼女は助産婦となり、亡くなったかつての同僚たちへの償いのように、新たな生命の誕生を支える仕事に没頭した。

それから長い時を隔てた昭和四五年九月、札幌護国神社において、看護婦六名への慰霊祭が執り行われた。生き残った看護婦一七名の内、消息の確認できた一二名がこの式に参列した。その中の一人、角田徳子（旧姓・今谷）が、あの日、最後に皆で口ずさんだ「山桜の歌」を唄った。

「片山寿美」から「鳴海寿美」となっていた一人の女性は、その歌を聴くと、とめどなく溢れ出す涙を堪えられなかった。

鳴海は六つの遺影を見ながら、写真の中の六名が自分に微笑みかけてくれているように感じた。それは彼女たちからの一つの託宣《たくせん》ではなかったか。鳴海の「戦争」がようやく終わりを告げた瞬間だった。鳴海の手首から滴り続けていた、曼珠沙華《まんじゅしゃげ》にも似た緋色《ひいろ》の鮮血は、ここにおいて止まったのである。

§

平成四年には、同神社の境内《けいだい》「彰徳苑」の一角に、鎮魂のための慰霊碑が建てられた。建立《こんりゅう》には、大平炭坑病院の経営元だった王子製紙とその系列会社が全面的に協力した。他の関係団体からも多大な支援があった。黒御影石《くろみかげいし》製の碑には「鎮魂」の白い文字が刻み込まれている。

除幕式には、生き残りの看護婦たちの中からも数名が参加した。かつてのお下げ髪の少女たちも、すでに晩節を迎えていた。

参列者の一人の回想に拠れば、元看護婦である老媼《ろうおう》たちは皆、自らの手首を隠すようにして座っていたという。

「哀しい思い出です。忘れられません」

一連の話を終えた鳴海寿美さんは、消え入りそうな声で最後にそう言い、寂光《じゃっこう》に包まれるようにして、目を薄く閉じた。命の恩人でもあった最愛の夫には平成六年に先立たれたが、九二歳（取材時）となった彼女は、北海道新冠《にいかっぷ》町で次男と共に静かに暮らしている。

不条理を知悉《ちしつ》した両の手首が、膝の上に音も無く重ねられていた。

第二章　B29搭乗員を介錯した武士道の顚末

――千葉県日吉村・俘虜斬首事件

神職にあった軍人

落ち葉は風脚《かざあし》を恨むだろうか。

表と裏を交互に呈しながら、はらはらと舞い落ちる乾いた葉を大地から見上げる芋虫や鼠《ねずみ》たちは、その虚ろな軌跡に何を思う。

§

三重県伊勢市に存した神宮皇學館は、神職を志す者たちのための官立の専門教育機関で、伊勢神宮の関連学校として明治一五年に設立された。

兵庫県神戸市の出身である満淵正明《まぶちまさあき》は、この神宮皇学館を卒業した後、静岡県富士宮市の富士山本宮浅間《せんげん》大社に奉仕した。同大社は日本に約一三〇〇社以上ある浅間神社の総本宮である。

その後、満淵は三重県桑名市にある多度《たど》大社に移り、同じく神職に奉じた。多度大社は伊勢神宮との関係も深く、その歴史は五世紀の雄略天皇の御代《みよ》にまで遡《さかのぼ》るとされる。満淵は神道を深く信奉する宗教家であった。

それから程無くして召集となり、父親の故郷である金沢の歩兵第七連隊に入隊した。明敏な資質を持つ満淵は、やがて幹部候補生となった。

以降、中国北部の戦線などを転戦。満期となってから、多度大社へと戻った。しかし、やがて二度目の召集となり、アリューシャン列島のアッツ島に派遣されたが、間もなく撤退。アッツ島はその後に玉砕となるが、満淵は危うく難を逃れたことになる。その後、日本領最北端に近い北千島の占守島《しゅむしゅとう》に配属された。

昭和二〇年四月、旭川の連隊に異動。北海道へと戻る船が、敵の潜水艦からの攻撃によって撃沈されたが、九死に一生を得た。

満淵はこの旭川の地で、「自分が父親になっていること」を初めて知った。妻・節子が、待望の第一子となる昭彦を前月に無事に出産し、母子共に健康だという報告を、故郷の父からの手紙によって知得したのである。昭彦が産まれたのは、神戸が空襲に見舞われた日であったが、幸い近隣の有馬の産院での出産であったため、戦禍を免れることができたのだという。

昭彦という名前は満淵の母親が付けた。満淵はその名を、

(とてもよくできている)

と感心した。

しかし、戦況はすこぶる緊迫しており、結局、彼は息子と対面できないまま、旭川の地で軍務に追われる日々を送った。

昭和二〇年五月二五日、満淵は千葉県の房総半島に位置する長生《ちょうせい》郡日吉村（現・長柄町《ながらまち》）に、第一四七師団第四二六連隊の中隊長として赴任する旨が決まった。この配置は米軍の本土上陸に備えるためのもので、満淵の部隊は所謂《いわゆる》「斬込中隊」であった。米軍は遠からず、九十九里浜の辺りから上陸して来ると案じられていた。

この時、満淵は三一歳で、軍での階級は陸軍中尉である。性格は物静かだが人情味豊かなところもあり、責任感が強く、部下からの信頼は常に厚いものがあったという。元々、神職にあったただけに、奥行きのある穏やかさを身に纏《まと》ったような人物だった。色白で背が高く、いつも姿勢が良いのも彼の特徴であった。

日吉村に入った満淵は、地元の民家に宿泊するかたちとなり、他の三〇名ほどの部下たちは近くの天台宗・長栄寺《ちょうえいじ》などに分宿した。

長閑《のどか》な田園風景が広がる村に駐屯を始めたその初日の夜、奇《く》しくも事件は起こった。

撃墜されたB29

今（取材時）もこの地で暮らす尾高孝一さんは当時、旧制中学の四年生で一五歳だった。尾高さんはこの夜について次のように回想する。

「西のほうの空が異様に明るく光っているのを、私は家の近くから見ていました。『空襲で東京が大火事だ』と」

首都・東京が米軍の空襲によって焼かれていた。初め尾高さんは一人でその景色を見渡していたが、あまりの苛烈さに父と姉を呼んだ。

しばらく三人で見入っている内、一機の機体が低空で村のほうに近づいて来るのに気が付いた。敵機か友軍機かも分からなかった。みるみる接近して来た機体は、最後に右に大きく旋回してさらに降下した。父親が、

「伏せろ！」

と叫んだ。巨鯨《きょげい》のような機体は、轟音と共にそのまま大地に激突した。

それは、東京を空襲したばかりのB29爆撃機だった。二〇〇機以上にも及ぶ大編隊の内の一機が、日本軍からの攻撃を受けて墜落したのであった。

尾高さんは墜落現場へと走った。村の田圃《たんぼ》に落下したその機体は、夜空を焦がすようにして激しく焔《ほのお》を噴いていた。機体の胴体部分の前半分は砕け散り、エンジンやタイヤが広い範囲にまで飛散していた。村の人たちが、ポンプ小屋から手押しの消防ポンプを持ってきて火を消そうとしたが、

「ガソリンが燃えているから駄目だ」

という話だった。村に駐屯したばかりで土地勘のない兵隊たちを、村人が現場まで案内した。

「まだ生きているのがいるぞ」

という声も聞こえた。やがて兵隊たちから、

「一般人は避難しろ」

と命令が下ったため、尾高さんも已《や》むなく帰宅した。

一一名の搭乗員の内、四名が即死しており、二名が重傷という状態だった。重傷の二名は四体の亡骸と共に、農家のリヤカーに乗せられて長栄寺まで運ばれた。パラシュートを使って機体から脱出することに成功していた他の五名も、程無く俘虜《ふりょ》として捕縛された。

敵機の墜落という事態に、村は図らずも殺気立った。

夜が明けてから、尾高さんは長栄寺の様子を見に行った。他にも見物人が大勢いた。一人の老婆が、

「うちの倅《せがれ》を殺したのはお前らだな」

と悪しざまに罵っていた。数度の空襲により、東京の街はすでに焦土と化し、女、子供までもが無差別に殺戮《さつりく》されていた。

尾高さんはもっと見物したかったが、その日は平日であったので、近隣の茂原《もばら》にある中学校へと通学しなければならなかった。その日は学校でも、墜落したB29の話で持ち切りだった。

長栄寺では、駆け付けた大隊付の軍医が、重傷者二名の診察にあたっていた。軍医は「なかなかの重体である」「これ以上の手当てはできない」という旨を満淵に告げてから立ち去った。駐屯を始めたばかりの部隊には、薬品や医療設備も整っていなかった。

その後、重傷者二名の内、頭部に致命傷を受けていた一名が死亡。もう一名のダーウィン・T・エムリーという名の少尉も恢復《かいふく》の兆しは一向に見られず、危篤の状態が続いた。当時、二六歳、B29の爆撃手であったエムリー少尉は、腹部と両大腿部に深手を負っていた。特に足の怪我は重く、左の大腿骨が折れている状態だった。

介錯の実行

エムリー少尉の身体は、痙攣《けいれん》を繰り返しながら激しく暴れた。左足には添え木を当て、包帯を巻いてやったが、部隊には鎮痛剤などの薬剤もないのが現状だった。

他の俘虜たちは境内の大木にそれぞれ縛られていたが、エムリー少尉に対しても、同様の処置が為された。暴れるのを防ぐ意味も手伝って、エムリー少尉の身体は古い桜の木の根元に固定された。

同日午後、エムリー少尉の様子を見かねた満淵に決断の時が迫る。近隣の病院へと搬送する手段もなくはなかったが、車輛などの輸送手段も不足しており、ましてや米軍の本土上陸に備えた臨戦態勢の中で敵兵にそこまでの処置を施すことは、現実的には極めて困難であった。加えて、俘虜を監督する役割を持つ憲兵隊からも「助かる見込みはないから適当に処置してくれ」という旨の指示を先に受けていた。満淵は部下の一人である境野鷹義曹長と「介錯《かいしゃく》」の必要性について議論した。

神に仕えることを生業《なりわい》としてきた満淵は、この時に如何《いか》なる思慮を巡らせていたであろう。定まった教義や教典を持たず、重層信仰である神道において、その死生観の幅は広い。ただ、神道の基本観念としては、自然と調和した人間の活き活きとした生は肯定され、且つ、死者の霊魂は神になるとされる。

暫《しば》し沈思黙考した彼が、ついに口を開いた。

「苦しんでいるのは可哀相だから楽にしてやれ」

満淵は境野曹長にそう告げた。

境野曹長は寺の境内で「介錯」を行うこととなった。寺には依然として地元の人々が集まっており、垣根の上から覗いている者までいる始末だった。エムリー少尉は口から血を流し、眼を開けたまま気絶しているような状態だった。呼吸は荒く、時折、唸り声を上げげた。

桜の木に縛られていたエムリー少尉は縄を解かれ、境内の中程まで身体を移された。両足は縛られており、そのまま足を前方に投げ出すような形で座らされた。手も後ろ手に括《くく》られていた。上半身は裸だった。

境野の軍刀に水が振り掛けられた。備前長船《びぜんおさふね》の銘の入ったその日本刀は、入営する際に父親から贈られたものであった。

境野は刀を構えたが、エムリー少尉の首が激しく揺れるため、仕損なうのを危惧《きぐ》して一旦、仕切り直すことにした。

そこで境野は、部下に長さ二メートル弱ほどの竹を用意させた。竹に縄を結わえ付けて輪を作り、そこにエムリー少尉の顎を乗せる形で固定した。

再び上段に構えた境野曹長が、今度は光芒一閃《こうぼういっせん》、勢い良く備前長船を振り下ろした。首は完全には切断されず、喉の皮膚一枚を残して、前方にぶら下がった。このように皮膚を少しだけ残すのが、正しい介錯の作法とされていた。

周囲の群衆がどよめき、拍手や喚声が漏れた。

中学校から戻った尾高さんは、境内の様子を窺おうと長栄寺に向かったが、あまりの人だかりで見ることができない。そこで彼は人ごみを避けて寺の裏山へと登り、そこから境内《けいだい》を覗き込んだが、ちょうど本堂の建物に遮られて視認できなかった。故に、彼は「その瞬間」を見ていない。しかし、後に彼が村人たちから聞いた話に拠《よ》ると、

「首が刎《は》ねられた瞬間、血がピューッと三本、勢い良く噴き出した」
ということであった。

銃剣突撃訓練

その後、首が前に垂れたままの遺骸を使って、銃剣突撃の訓練が行われた。これは、見習い士官の菊池重太郎少尉が、部下の初年兵たちに命じた結果である。初年兵の教官役にあった菊池は、日頃から彼らに銃剣術を教えていたが、米軍の本土上陸が目睫《もくしょう》に迫ると危惧される中で、初年兵たちの実戦経験の欠如を憂慮していた。そんな菊池にとって、米兵の遺体は訓練のための格好の標本に見えた。

菊池は自らも銃剣を手にして遺体を突き刺した。初年兵たちは、
「しっかりやれ」
との声の下、命令を実行せざるを得なかった。

この訓練は菊池の率先によるものであったが、満淵はこれに黙認を与えるかたちとなった。

米軍が上陸すれば、沖縄で起きたような非戦闘員を巻き込んでの激しい肉弾戦は避けられないであろう。自分たち軍人には、無辜《むこ》なる国民を守る義務がある。緊迫の極限にある眼前の戦

況において、この訓練は「有益なこと」とこの時の満淵には思えた。

夕刻になって、遺体は寺の裏山にある墓地に面した竹藪の一角に埋葬された。骸《むくろ》は北向きに安置され、同寺の住職である川嶋玄考師が読経をあげた上で、卒塔婆が建てられた。

最後には将兵ら全員で合掌した。

境野はその後、村の子供たちから「首斬り曹長」という渾名《あだな》を冠せられた。そんな子供たちに対し、境野は戯れに軍刀を抜いて、その刃先を見せたこともあったという。その妖しげな光彩を見た一人である尾高さんは、眉根《まゆね》を寄せながら、この時の場面をこう回顧する。

「その軍刀が刃こぼれしていましてね。そのことがやけに印象に残っています」

一方、満淵の印象については、以下のように述懐する。

「境野さんは頑固そうな、如何にも軍人という感じの方でしたが、満淵さんはどちらかと言うと華奢《きゃしゃ》な雰囲気でした。色白の優男《やさおとこ》といいますか、失礼ながら、弱々しい感じさえ漂うような方でした」

満淵中隊は七月、九十九里浜により近い地に転進となったが、結局、ここで終戦を迎えた。

九月一七日、部隊は正式に解散となった。

復員

復員した満淵は九月一九日、家族の疎開先だった兵庫県飾磨郡《しかまぐん》へと急いでいた。妻・節子と、まだ見ぬ我が子・昭彦との再会が彼を待っていた。

その日、関西地方は生憎《あいにく》の暴風雨で、家の電気も断線により停まっていた。夕方に到着した満淵が、薄暗い部屋を覗くと、蚊帳《かや》の中で横になっている家族の姿があった。驚いた節子が慌てて夫を出迎える。妻の腕の中には赤子がしっかりと抱かれていた。節子が嬰児《えいじ》を差し出しながら言う。

「かわいい顔をしているでしょう」

停電の影響で部屋の中が薄暗かったため、蠟燭《ろうそく》に火を灯して、長男の顔を照らし出した。薄い毛の生えた頭部が、満淵の目に映った。それから父親似の色白の顔が、薄明かりに浮かんだ。満淵はこの時に初めて、自分が父親になったのだという自覚と慶福を心から嚙み締めることができた。満淵は軍隊から持ち帰ったキャラメルを布の袋に包み、それを幼子《おさなご》に吸わせた。

戦争の残滓《ざんし》としての食糧事情の逼迫《ひっぱく》は深刻だったが、忌むべき血臭《けっしゅう》の後に訪れた穏やかな日々だった。満淵は昭彦を抱いて、子守唄などを口ずさみながら、近くの海岸や川辺をよく散歩した。

近隣の姫路城まで足を延ばした日もあった。満淵は我が子を抱きながら天守閣まで登り、眼下に広がる街並みを見渡したという。

一〇月初旬、親子三人で三重県の多度に移り、かつて務めていた多度大社の神職へと戻った。軍服を脱いだ満淵は、白衣や狩衣《かりぎぬ》に袖を通し、祝詞《のりと》を捧げる日々へと復した。それこそが彼の本来の姿であった。社務所から自宅に戻ると、息子を抱き上げるのが彼の日課となった。

一一月には、一家で汽車を乗り継ぎ、岐阜県の養老公園まで行楽に行った。紅葉にはまだ少し早かった。駅から名所の滝まで結構な距離があったが、満淵がずっと赤ん坊を抱いて歩いた。昭彦は栄養の不足からか、凄く痩せており、それが夫婦の心配の種であったが、

「こんな時には楽でいい」

と二人で笑い合った。

軍事法廷

彼がようやく手にした麗しき平静に対し、蜘蛛《くも》の糸が絡み付くようにして、危機の足音が早々に近づいている。

米軍は日本本土に墜落した自軍の機体と、その乗員の消息に関する調査を徹底的に遂行して

いた。彼らの精緻なる追及の眼は、日本列島の津々浦々にまで行き届いた。その強い決意と責任感は、未だに遺骨収集が道半ばである日本政府のそれとは万丈《ばんじょう》の差がある。

墜落機の生存者が証言したのであろう、やがて日吉村にも調査の手が及んだ。静かな村に何台ものジープが出現した。尾高さんに拠ると、村人の間には、

「何も喋るな」

という箝口令《かんこうれい》が誰からともなく布かれたというが、事実は隠しようがなかった。昭和二〇年一一月二三日、米軍は長栄寺の裏に埋葬されていた六名の遺体を掘り起こした。そして、その内の一体の首と胴体が切断されていることに彼らは驚愕したのである。その遺体には刺突されたような傷まで認められた。それはどう見ても人為的なものと思われた。

年が明けた昭和二一年一月下旬、満淵は戦犯容疑者として巣鴨拘置所に拘束された。親子三人の生活はわずか四ヵ月ほどで終焉を迎えた。家を発つ前、せめて三人で写真を撮ろうと町の写真館へと向かったが、店側の都合でそれも叶わなかった。また、満淵の部下で、刺突訓練を取り仕切った菊池重太郎も同じく起訴され、法廷で罪を問われることが決まった。

四月五日、米軍横浜法廷で審理が始まった。翌六日付の『朝日新聞』には、「介錯は是か非か」「戦犯公判で日本武士道の論議」という見出しで、開廷を伝える小さな記事が掲載されている。

検察側は満淵らの行為を「残忍非道の凶行」として、「俘虜に関する国際法に違反した戦争犯罪」と厳しく非難した。これに対して弁護側は「介錯は人殺しとは異なる」として、「介錯は武士道精神の発露」と強く抗した。介錯は日本の文化に則った「武士の情け」である点を繰り返し力説したのである。

しかし、検察側はこれらの主張を一蹴した。「武士道」という言葉の存在自体は、世界的なベストセラーとなっていた新渡戸稲造の英文著書『Bushido: The Soul of Japan』によって知ってはいるものの、その内容についての具体的な知識は如何にも心もとなかった。

法廷には、エムリー少尉を「これ以上の手当てはできない」と診察した軍医も、検察側の証人として姿を現した。この軍医は、

「自分は本来、眼科医であり、重傷者の手当ては分からなかった」

と自らの責任逃れに終始した。確かにこの軍医の専門が眼科だったのは事実であったが、その後も彼は、

「私はあとの手当てをよくしてやるようにと命じてから帰った」

と事実にそぐわない証言を繰り返した。彼の証言は、満淵の立場を苦しいものへと追い込んだ。

四月一五日の午後、第一四回となる公判の場で、満淵本人はこう語った。

「介錯により助かる見込みのない生命を早く絶つことが武士の情けとして名誉な死に方と認められている。もし残虐な殺し方があれば、首を斬り落とすより他の方法で苦しめて殺すこともできた」

対する検察側は、次のような論旨で反論する。

「たとえ介錯が武士道に適《かな》うものだったとしても、それは外国人にまで適用され得るのか」

四月一七日には、被告を擁護するための参考人として歴史学（日本史）の泰斗《たいと》である中村孝也が出廷し、「武士道の本義」を説明した。中村は介錯とは「処刑」ではなく「名誉ある死の手助け」であると確言した。

これに対して検察側は、

「介錯には本人の同意は要らないのか」

と問い質し、以降の議論は平行線を辿《たど》った。別の言い方をすると「安楽死」という概念が思い浮かぶが、「介錯」には「死への名誉を守る」という色彩がより濃く存在し、同一のものとは言えない。瑞穂《みずほ》の国に存する和魂の流儀とは、往古より降り積もった沃土《よくど》から相成《あいな》る。

鍋島藩の『葉隠《はがくれ》』で殊《こと》に有名な武士道だが、その指し示すところは時代や地域による差異が小さくない。だが概して言えば、武士道とは日本民族の自我の結晶であり、豊饒《ほうじょう》なる内面律であり、且つ道徳主義の一表現である。欧米人が有するキリスト教に基づく道徳とは趣の異なる精神原理がそこに内在する。

大東亜戦争とは、東洋と西洋が各々にそれまで保有してきた概念や文化、習俗に対する、相互理解の欠如が土壌にあったとも言い得る。例えばもし、この事件が斬首ではなく、薬物の注射によって齎《もたら》された死だったとしたら、このような法廷が生まれたか否か。ヨーロッパにもかつては断頭台による斬首刑が存在したが、近代に入ってからは「前時代的で野蛮な旧弊」として認識されるようになっていた。

ドイツ皇帝・ヴィルヘルム二世が唱え始めた「黄禍論《こうかろん》」は、その後の欧米社会に定着し、日本人を「黄色い野蛮な猿」とする風潮は、今よりもずっと根強かった。「斬首」という行為は、日本人に対するそんなイメージとも合致した。「首を斬る」という行為に対する両者の意識と感覚の相違が、この事件の本質に横たわっている。そういった意味において、この裁判は先の大戦が産み落とした途方もない悲劇の中の一つの象徴、あるいは記号、もしくは破片のようにも映る。異なる文明下にある法則の壁を乗り越えようとすることは、隘路《あいろ》に迷うのに似ている。

渾沌《こんとん》の波を覗き込むような議論の中、検察側は尚も、

「相手がアメリカ人だから首を斬ったのではないか」

との論旨を主張した。これに対して弁護側は、沖縄戦に参加したという元憲兵大尉を召喚し、

「沖縄戦では、重傷者への斬首による介錯は日本人に対しても行われていた」

という重要な証言を引き出した。

矛盾に満ちた判決

公判では、日米の俘虜に対する考え方の違いも争点となった。日本軍は敵の俘虜となることを最大の「辱め」としていた。一方の連合軍は、俘虜にも人権があり、保護されるべきだと規定していた。

実際に首を刎ねた境野曹長は、この公判中、北海道の自宅から姿を消し、行方不明となっていた。

遺体を使った刺突訓練について満淵は、

「日本軍人としてその研究の材料にした点はここに深謝する」

と上官としての自らの責任の所在を認め、さらには部下を庇《かば》うような発言を繰り返したが、その上でこう付け加えた。

「気の毒であるが当時の状況がそうさせたのだ。（略）そこに超越する何ものかがあったのだ」

湾曲の連続である人生に標《しるべ》なきことは、もとより論を俟《ま》たない。

四月一九日に行われた公判で検察側は、「常識上から論じて残虐行為という他ない」「人道に反する、許容できない大残虐行為」との主旨を述べ、被告の「死刑」を求めた。これに対し、弁護側からは「介錯は処刑や虐殺、復讐劇の類いではない」という証明を試みた。その根拠とは、「相手が助かる見込みのない重傷者であったこと」「他の五名の生存者には全く危害を与えていないこと」「屍体を丁重に埋葬していること」という簡潔にして肝要なる事由《じゆう》である。

この法廷においてアメリカ側は「勝者」として裁く側に立っているが、戦時中、米軍兵士による日本兵捕虜の殺害、虐待という事実も多数あった。世界初の大西洋横断単独無着陸飛行で有名なチャールズ・A・リンドバーグはその著作『孤高の鷲』の中で、南太平洋戦線における米・豪軍の兵士たちが、日本兵捕虜の喉元を切り裂くなどして、その多くを殺害していた光景を書き留めている。リンドバーグに拠れば、日本兵の屍体を切り刻んだり、金歯を「戦利品」として抜き取る者まであったという。同じアメリカ人であるリンドバーグは、軍の堕落と荒廃ぶりに驚愕した。

満淵らが行った「介錯」に比して、このような米軍の「残虐行為」は起訴さえされていない。

アメリカが日本を裁く権利とは、「勝者」という一点でのみ担保されている。

§

翌二〇日の午前九時から、判決の言い渡しが行われた。

満淵は絞首刑、菊池は重労働二五年という判決内容だった。

五月には銃剣刺突に参加した七名の元初年兵たちにも判決が下され、一人が重労働二年、五人が重労働一年三ヵ月、一人が無罪となった。

彼らが断罪された反面、事の発端である米軍による東京への無差別爆撃が全くの不問に付されたのは、戦勝国が敗戦国を一方的に裁くというこの裁判の濁りを感じさせるのに充分であった。

六月三日、満淵の妻・節子が幼児を抱いて面会に訪れた。金網越しに見える妻と愛息。昭彦の頬は以前よりもふっくらとしたようで、そのことが父を少しく安心させた。息子は父のほうを見て微笑みかけた。満淵はこの時、

(自分が小さい時の写真とよく似ている)

と思ったという。わずか三〇分の面会時間は、たちまち過ぎた。別れ際、昭彦は母親に支えられる格好で立ち、父のほうを見てニコニコと笑った。これが満淵の網膜に息子の姿態が映った最後の機会となった。独房に戻された満淵は、脳裡に焼き付けたばかりの家族の風采を思い出し、片や我が子には父の記憶が全く残らないであろうことを考え、心惑い、さめざめと頬を濡らした。

一方、逃亡生活を続けていた境野は、後の昭和二二年六月になって身柄を拘束された。彼は北海道の山中で製材人夫をしながら身を隠していたが、家族に出した手紙から足が付いた。翌昭和二三年一月二一日に終身刑の判決が下されたが、結局、彼は減刑により六年ほど服役した後、自由の身となった。

すなわち、この俘虜斬首事件に関しての死刑判決は満淵のみであった。

葉は落ちて

九月五日、刑の執行を翌日に控えたこの日、彼は最愛の家族に向けて遺書をしたためた。満淵が息子・昭彦に呼びかける。

〈オ前ト一緒ニ暮シタノハ僅《わず》カニ四ヶ月今カラ思ヘバソノ短イ期間ガ私ノ人生花ダッタ〉

震えるような無念と、断ち切れない未練とが、呻《うめ》くようにして行間に滲《にじ》む。手紙はこう継がれる。

〈殊ニ刑ガキマッテカラハ他ノ人ト話モ出来ナイ孤独ノツレヅレナルマヽニイツモオ前トアソンデヰルツモリニナッテハネンネンコロリノ子守歌ヲ童謡デウタッテ過シタ〉

痛ましき咆哮《ほうこう》にも似た筆は止まらない。

〈昭彦ヨ、ヤガテオ前ハ父ガドウシテ死ンダカ教ヘラレルトキガコヨウ。（略）タトヘ判決ハドウアロウトモソレハ当時ノ敵国トシテノ目カラ見テノコト、私ハ日本人トシテ何ラ良心ニハヅルトコロハナイ〉

息子の寝息はもはや遠い。しかし文面は、自らの業《ごう》をかこつのみならず、見えざる未来へと振り向けられる。父は息子に対し、国家の弥栄《いやさか》を託すようにして次の言葉を送った。

〈昭彦ヨ、コンナコトデ早ク父ヲ失ッタ悲運ヲ徒《いたず》ラニナゲイテイテハイケナイ。又単純ニ勝ニオゴル敵ヲウラムヨウナセマイ考ヘモイケナイ。日本ニハ今新シイ光ガサシテヰルノダ。タトヘ武力ハ有シナクテモ世界ノ最高文化国トシテ、アメリカ等モ見返スヨウナ国ニナルコトニヨッテハジメテ父ノ恨ハハラセルノデアルコトヲドウカ覚エテイテオクレ〉

感情の薄膜から破れ出た言葉が、鈍磨されることなく零《こぼ》れている。
強風による激しい葉鳴りが、もうすぐ止もうとしている。遺書の最後は、以下のような文章で結ばれている。

〈筆ヲオク。今目ヲツムルトキ瞼《まぶた》ニウツルノハ節子ニ抱カレタオ前ノ可愛イ笑顔、ソシテ場面ガ一転シテ立派ナ青年ニナッタオ前ト相変ラズ節子ノ母子相対シテ楽シク何カ語リ合ッテ居ル美シイ幻ダ〉

翌六日早朝、満淵は死刑囚房から出され、仏間へと通された。そこには巣鴨拘置所の教誨師《きょうかいし》である花山信勝《はなやましんしょう》の姿があった。花山が読経した後、満淵は祝詞の一つである「大祓詞《おおはらえのことば》」をあげた。それから満淵は「海行かば」を唄い、吉田松陰の辞世をやおら詠み上げた。

身はたとひ　武蔵の野辺に　朽ちぬとも
留め置かまし　大和魂

時の権力に弾圧され、慈悲もなく命を奪われることになっても、将来の祖国の発展を最期まで夢想した吉田松陰の姿に、自らを重ねた部分があったに違いない。

その後、満淵は花山と最期の水を飲み交わし、家族の住む自宅の方角に向かって一礼をしてから、「天皇陛下万歳」と三唱した。満淵は花山と握手をした後、静かに刑場へと向かったという。

やがて、花山の鼓膜にガタンという鈍い振動が届いた。

神職にあった者として「絞首台に上がる時には白衣を着たい」と満淵は家族に伝えていたが、装束が届いたのは刑執行の後であったという。

月は朧《おぼろ》げに山の端《は》へと落ち、風は物憂《ものう》く木《こ》の葉を落とす。

——落ち葉は風脚を恨むだろうか。

すなわち、満淵の死は「葉隠」の心が散った瞬間でもあったのである。

§

現在、長栄寺の境内には、彼の御霊《みたま》を鎮めるための石碑が建立《こんりゅう》されている。碑文は日本語と英語から成り、満淵とエムリー少尉の鎮魂を祈念するものとなっている。エムリー少尉が縛り付けられていた桜の木は、すでに朽ち木となって現存しない。

以下は、満淵の家族のその後の顚末《てんまつ》である。

未亡人となった節子は、刑の執行から間もなく再婚を果たした。その理由については定かではないが、「戦犯の妻」となったことで、いわれのない中傷が彼女に集まったのは想像に難くない。

遺児である昭彦は満淵家へと引き取られ、叔父の手によって育てられた。両親からの直接の寵愛の記憶を持たぬまま成長した彼は、京都大学に進学した後、生きる方位を失ったのか、自死を遂げた。満淵がその生涯の最期に夢見た心象は、畢竟《ひっきょう》「美シイ幻」の域を微塵《みじん》も出なかった。

朽葉《くちは》の無念は、冷たく苦い土中にあってさらに膨らみ、その蹉跌《さてつ》と破綻は結句、峻烈にも二代にわたったのである。

第三章

Uボート内に散った日本人技術者

——庄司元三海軍技術中佐の最期

艦内に運び込まれた謎のケース

二枚の鏡の間で久遠《くおん》に続く反射のように、憂色が往復するこの物語の鍵となるのは「234」と「235」という連続した二つの自然数。さらに正確に言えば、どちらの数字にも頭に「U」というアルファベットが、いみじくも冠される。

つまり、「U234」と「U235」

§

昭和二〇年三月二四日、ドイツ北方に位置するキール軍港に碇泊していた一隻の潜水艦に、日本海軍の二人の技術中佐が身を潜めるようにして乗り込んだ。名を庄司元三《げんぞう》と友永英夫という。

二人が乗艦したのは、ドイツ海軍の代名詞、俗に言う「Uボート」である。

翌二五日、正式名を「Uボート234号」というその灰色の艦は、港を静かに出航した。畢《ひっ》生《せい》の大航海の目的地は、遠き極東の大日本帝国である。

東京帝国大学工学部航空学科を卒業し、海軍の技術士官となった庄司はこの時、四二歳。ジエットエンジンを使用した飛行機などの研究のため、昭和一四年からイタリアに派遣されていた。

昭和一八年九月にイタリアが降伏した後は、スウェーデンに拠点を移し、引き続き最先端の航空技術を学ぶ日々を送っていた。丸眼鏡をかけた庄司は、性格は頑固なところがあったが、人付き合いは良く、周囲から好かれる人柄だったという。一方の友永は、庄司より六つ年下の三六歳で、こちらは潜水艦の専門家であった。

そんな二人が東京の海軍省からの特命により、日本に呼び戻されることとなった。二人の最新の研究成果は、劣勢の色を濃くする日本にとって、残された数少ない光明であった。

庄司と友永は、帰国の手段として「Uボートに便乗せよ」と命じられた。同盟国である日独の連絡路は、多くの地域で制空権及び制海権を喪失する厳しい戦況において、極度に狭められていた。

そんな中、潜水艦を利用しての互いの行き来は、両国間の重要な交通手段として、それまでにも何度か使用されていた。日独を結ぶ道は、深海にまで追い込まれていたとも言える。

しかし、これは数多《あまた》の困難を伴う決死の方法であった。連合国側の電波探信儀（レーダー）の発達により、Uボートは各海域で次々と沈められていた。

加えて、「航海中にドイツが降伏するのではないか」という危惧《きぐ》もあった。ドイツの各都市は、連合国側からの激しい空襲に晒《さら》されていた。二人は不測の事態を想定して、睡眠薬であるルミナールを自決用として大量に用意していた。

しかし、二人が隠し持っていたものは、実は別にもう一つあった。

格納庫の内部に運び込まれたその重厚な金属ケースの中身については、積荷の責任者であった副艦長のエルネント・パフ海軍大尉でさえ、知らされていなかった。金属ケースの中身は、二人の日本人と、艦長のヨハン・ハインリッヒ・フェーラー海軍大尉のみが与《あずか》り知るところであった。U234号という冷たい母胎は、「禁断の実」という秘事を孕《はら》みながら、風光の届かない世界を進んでいる。

この「禁断の実」こそが「U235」である。つまり「U234」が「U235」を抱え込みながら、海中を邁進《まいしん》していることになる。

しかし、この「U235」の秘密を認知していた組織が実はあった。イギリスの諜報機関である。彼らは緻密で巧妙なる情報収集によって、「U234」の出航どころか、その内部の「U235」の存在まで、ほぼ正確に調べ上げていた。イギリス側はその情報を、同盟国であるアメリカに伝えた。

そのような動向について、芥子粒《けしつぶ》ほども知らないU234号は、日出ずる国を目指し、這《は》うようにして活路を拓こうとしている。

庄司の経歴

庄司元三は明治三六年八月二七日、山梨県東山梨郡諏訪村に、医者の息子として生を享《う》けた。室伏尋常小学校、県立日川中学校を卒業した後、第六高等学校（旧制。戦後、岡山大学に包括）の理科甲に合格。同校では柔道部に入り、友人たちと共に青春の汗を流した。

六高卒業後はしばらく甲府で工芸学校の教師をしていたが、「男と生まれた以上、何か国家に最も有用なことで自分に適するものを選んでやろう」と一念発起。東京帝国大学の工学部を受験し、受験者中、最高点を取って見事に合格を果たした。

大学二年時に、海軍の技術学生の試験に挑戦。持ち前の非凡な能力で、彼はこの難関も突破した。

昭和四年、海軍の技術中尉となり、翌年には航空機の設計を担当する海軍工廠《こうしょう》の部員となった。

昭和七年には、お見合いにて婚姻。妻となった和子は、東京府立第五高等女学校を卒業した才女である。庄司はそんな和子に見合いとは言え、「一目惚れ」したという。

新婚生活は広島県呉市の官舎で始まった。結婚後も庄司は多忙で、夜遅くまで航空機の設計、とりわけ大型爆撃機の試作に没頭していた。

そんな日々の中、和子は長男・元彦を出産し、庄司は父親となった。その後も庄司家は元信、元昌という二人の男の子に続けて恵まれた。三人の男子を授かった庄司は、家庭内では子煩悩な父親であったという。

しかし、前述の通り、昭和一四年に庄司はヨーロッパの航空技術を研究するため、イタリアに派遣されることとなった。派遣は単身で、期間は三年間の予定であるという。それは、三男の元昌が生まれてまだ一ヵ月ほどしか経っていない頃であった。軍命とは言え、最愛の家族との別離は、庄司にとって胸が痞《つか》えるような一事であった。

六月末に神戸から「靖国丸」に乗船して出国した庄司は、八月初旬にイタリアに着いたが、その翌月にはドイツ軍のポーランド侵攻によって第二次世界大戦が勃発。庄司と妻・和子は、頻繁に手紙を書いてお互いの近況を伝え合った。だが、それから間もなくして、烈しく逆巻く怒濤のような欧州情勢よりも、庄司の心を千々《ちぢ》に裂く厄事が起きた。

それは長男・元彦が不慮の疾病により急逝したという悲報であった。腸重積《ちょうじゅうせき》に罹り、腹膜炎を起こしたのが死因だったという。

庄司の同僚が後に語ったところに拠《よ》ると、愛児の急逝を告げる便りに接した庄司は、床を転げ回って哀しみ、狂ってしまうのではないかと思われるほど、深く咽《むせ》び嘆いたという。

遠い異境にあり、葬儀にさえ出席できない庄司は、残酷な驟雨《しゅうう》に半ば茫然となりながらも、

（元彦が此の世に為すべきであったことを、彼の代わりに果たしてやろう）

と自らを督励するのであった。

庄司はイタリアのカプロニ・カンピーニ航空会社の開発したジェットエンジンの研究に全力を傾けた。庄司はジェット機関係の設計図など、多くの資料を蒐集《しゅうしゅう》することに成功した。もう一つ、庄司が注目した技術の一つがロケット兵器である。庄司は寝る間も惜しんで、さらなる研究に熱意をもって潜心した。

当初の駐在予定であった三年間はたちまち過ぎたが、混迷を深める国際情勢の中で、庄司の帰国は延期が重なった。日本との手紙のやりとりも途絶えがちとなり、銃後の家族は不安を募らせた。

そして、昭和二〇年一月にようやく帰国命令。米軍の本土空襲が激化するだろうという危惧の中で、日本軍は早急にジェット機を実戦に導入する必要性に迫られていた。

こうして庄司は、U２３４号に乗艦することになったのである。

艦内での生活

キール軍港を出航したU２３４号は、ノルウェー南端に位置するクリスチャンサンという港町に投錨し、機器の補修を受けた。U234号はノルウェー沿岸を北上中、僚艦と水中で接触事故を起こしていたのだった。

約二週間の修理期間を終えて、U234号は四月一六日に同港を出港。密使たちは、再び翳《かげ》り多き閉塞の日々へと戻った。

クリスチャンサン港からは、新たな便乗者もあった。独空軍大将のウルリッヒ・ケスラーである。ケスラーが訪日する表向きの理由は、日独間の技術情報の交換であったが、実は彼はヒットラー暗殺計画に協力したかどで、秘密国家警察（ゲシュタポ）に狙われており、その目から逃れるための離独というのがその真相であった。

ドイツ軍にとってヨーロッパの海域はすでに危険水域となっていたが、潜水艦での航行は宿命的に一つのジレンマから逃れることができない。すなわち、敵からの攻撃を回避するためには潜航を続けるほうが良いが、これだと速度が上がらない。浮上して海面を進めば距離は稼げるが、敵に所在を悟られやすくなる。

U234号は潜航と浮上を繰り返しながら、ノルウェー西岸を北上した。本来ならドーバー海峡を抜ける航路が最短ルートであるが、連合国側がこの海域の哨戒密度を濃くしていることは明らかであった。このため、U234号は大きく迂回した航路を取らざるを得なかった。

平均すると一日に六〇浬《かいり》（約一一〇キロメートル）ほど進んだ。敵の電波探信儀の捕捉を避けるため、潜航時間を長めにとったが、潜航中は艦内の空気が徐々に汚濁していく。空気中の酸素量の低下と炭酸ガスの増加は、乗組員たちに激しい頭痛や吐き気を齎《もたら》した。U234号にはドイツ海軍が開発した最新式の排気・通風装置が装備されており、これにより長期の潜航が可能であったが、それでも空気の汚濁は避け切れなかった。乗員たちの身体の限界を見定めながら、艦は時に海面まで素早く浮上し、迅速に換気を行った。

潜航中の潜水艦は、無音航行が基本となる。艦が使用するすべての機器は、限りなく無音に近い状態が目指される。さらに、乗組員同士の会話や足音にまで細心の注意が払われた。無用な音を発することは、イギリス海軍が誇る最新の水中探知機に感知されることを意味し、それは艦が爆雷攻撃を受ける危険性に直結した。

途中、機器の故障にもたびたび見舞われた。少しの不具合が、航海の命運を左右する重大な事態に発展することもある。乗組員たちは総力を結集して修理を施した。

艦の総員は、庄司らを含めて七二名である。

空間の利用を極限まで計算されている潜水艦の内部では、乗組員たちは基本的に相部屋である。日本人二人もドイツ人たちと起臥《きが》を共にした。艦内生活においてベッドは二人に一台しか割り当てられないが、これは任務が交代制で、非番の者のみが睡眠を取るというサイクルが徹底されているためである。ベッドは狭く、充分に四肢を伸ばすこともできない。潜航が続けば時の流れに関する感覚がひどく曖昧となり、黎明《れいめい》や黄昏《たそがれ》どころか、昼夜の別自体も分からなくなる。
二人にあてがわれたのは、弾薬庫と蓄電池室の間にある士官室であった。ドイツ人たちはその場所を「英雄の穴蔵」「勇士の地下酒場」などと形容していた。節電のため艦内はいつも薄暗かった。暖房器具はなく、艦内の温度は零下にまで下がった。

二人の日本人は不平を漏らすことなく、それどころか自ら率先して艦内勤務を手伝った。二人は海水を真水に換える装置の操作や、水中聴音器の担当となった。他の乗組員たちと同じく、二人もUボート専用の灰色の作業衣を着用して生活した。

庄司と友永は、程無くドイツ人乗組員たちと心を通わせるようになった。敵からの攻撃の恐れが低い束の間の時間には、一緒にチェスや腕相撲をして時を過ごし、ひとときの精神の安らぎを得た。円のごとく閉ざされた艦内には、独特の一体感が生まれていた。

U234号はノルウェー西岸から西方へと針路を転じ、いよいよ大西洋へと突入する。大西洋を南下し、アフリカ大陸最南端の喜望峰を回って、インド洋を東進し、日本へと向かう予定であった。

ドイツの降伏

Ｕ２３４号が敵からの大規模な攻撃に遭遇したのは、北大西洋に位置するフェロー諸島の北方を通過していた時のことである。その日、Ｕ２３４号は海面に浮上して航行していた。潜水艦は浮上している際にはディーゼルエンジンを使用して速度を上げることができる。当時、まだ二五歳という若き指揮官である艦長のフェーラーは、この海域を海上航行により全速力で駆け抜けるよう指示を与えていた。しかし、あえなく敵機に発見され、Ｕ２３４号は急速潜航を余儀なくされた。

艦橋のハッチが固く閉じられ、メインタンクへの注水が速やかに始まる。海中の奥深くまで潜っていく艦の頭上で爆雷が炸裂し、平衡を崩した船体は、上下左右に激しく揺れた。しかし、Ｕ２３４号は懸命に退避行動を続け、なんとか爆雷の届かない深度二〇〇メートル以上の深海にまで逃げ込み、虎口を脱した。

以上のように、百時の危局を乗り越えながら、一ヵ月以上もの航行を継続していたＵ２３４号だったが、五月一日、とうとう運命の無線を受信する。それは「ヒットラー総統の死去」を告げる内容であった。ヒットラーは四月三〇日に自死を遂げていた。

五月七日、ドイツ国防軍が、ソ連を除く連合国側に無条件降伏する。

その間、北大西洋を西南方向に向かって航行していたU234号は、情報の蒐集に躍起となっていた。艦内の混乱を避けるため、情報の共有は艦長を中心に一部の士官に限定されたが、乗組員たちは息苦しい空間の中で、ただならぬ気配を敏感に感知していた。

翌八日、Uボート作戦の生みの親で、ヒットラー亡き後はドイツ国大統領となっていたカール・デーニッツの名において、正式な命令が艦に入電された。それは、「武装解除して連合軍の指示に従うように」という内容であった。

フェーラー艦長から乗組員たちに、この事実が伝達された。これを受けて、艦内では様々な意見が噴出した。「急いで降伏する必要はない」「中立国で親独のアルゼンチンへ向かおう」

殊に議論となったのは、二人の日本人士官への対処であった。ドイツの降伏により、日独の同盟関係はすでに破綻している。当の二人は、

「このまま日本まで航行してほしい」

と艦長に強く請願した。結んだ契約の履行を二人はあくまでも求めたのである。

艦が投降すれば、格納庫に搬入した極秘の積荷「U235」も、連合国側の手に渡ってしまう。それだけは避けようと、二人は必死の形相で繰り返し艦長に懇請した。

しかし、その懸命の願いも叶えられることはなかった。目的地は一旦、アルゼンチンに決まったが、その後も議論が重ねられた結果、命令通り連合国側に投降する道が選ばれた。

二人は事実上、居室に監禁された。ドイツ人乗組員たちは、この二人の日本人に対して、これまでの航海の中で深い敬慕と尊敬の念さえ抱いていたが、さりとて、この極限にまで切迫した状況下において、ドイツ人たちの感情に若干の変化が芽生えたのも無理からぬことであった。それは、二人が艦内で何か不穏な挙動を起こすのではないかという不安と猜疑心《さいぎしん》であった。実際、友永は、

「日本に行かないのなら艦を破壊する」

と艦長に迫っていた。潜水艦の専門家である友永なら、それは技術的にも充分に可能なことであった。

フェーラー艦長にとっても、二人を監禁することは、周章狼狽《しゅうしょうろうばい》する艦内の秩序と統制を確保するために必要な苦渋の決断だった。結局、U234号は針路を変え、大西洋を西進してアメリカへ向かうことになった。

居室での監禁生活は数日間に及んだが、やがて二人は艦側に対し「不穏な行動は絶対に起こさない」という誓約を結んだ。フェーラー艦長はこの約束に信認を与え、これをもって二人の監禁は解かれた。

爾来《じらい》、二人の表情は「日本行き」を強硬に迫った時と比べて、節度のある平穏なものへと転じた。庄司はドイツ人たちに「座り相撲」のやり方を教えた。狭い空間の中でもできるため、

これは好評を得た。柔道経験者の庄司は、やはりすこぶる強かったという。

だが、そんな庄司は友永と共に、すでにある一つの牢固《ろうこ》たる決意を胸に忍ばせている。

二人の死

五月一四日、U234号は米海軍の駆逐艦「サットン」に発見されるかたちで、連合軍の指揮下に入った。

その頃、艦内では一つの騒動が起きていた。

庄司と友永、二人の日本人士官が、自室で自決を試みたというのである。

緑色のカーテンによって遮られた二人のベッドからは、不自然に大きな鼾《いびき》が聞こえていた。同室のフォン・ザンドラルト陸軍大佐が不審に思ってカーテンを開けると、狭い寝床に二人の身体が並んで横たわっていた。二人は深い昏睡状態にあり、いくら身体を揺さぶっても反応がない。口元には白い泡が零《こぼ》れていた。大量のルミナールを服用した結果であった。

すぐに軍医が駆け付け、二人に治療を施した。だが、蘇生の望みはないと診断された。

二人はその後に息を引き取った。なかなか死に切れない二人の姿を見かねて、軍医が安楽死のための注射を施したという説もある。

採光のための窓一つない幽室で、二つの独楽《こま》がその回転を終え、静止した。

臥所《ふしどころ》の傍らには艦長宛として、庄司と友永の連名から成るドイツ語の遺書が残されていた。そこには「自分たちの遺体を水葬にしてほしい」「自分たちの私物を乗組員で分けてほしい」「速やかに日本に知らせてほしい」といった文意が、恬淡《てんたん》と綴られていた。

二人は連合軍の捕虜となる道を拒んだ。その思想的決断に至るまでの誘因と根拠を、捕虜になることを禁じた「戦陣訓」にのみ求めることは、先人の生涯に対する不遜であろう。

二人が選んだのは、自らに付与された責任への一つの処し方であり、それは「死に方」ではなく「生き方」の問題であった。世上《せじょう》における美醜を超えた信念の結果である。

ドイツ人乗組員たちは、何故《なぜ》二人が自決の道を選んだのかについて理解が及ばず、少なからず当惑した。ドイツ人たちは「これが武士道というものなのか」と自らを納得させるしかなかった。

庄司と友永が携行していた機密書類や設計図などの類いは、彼ら自身の手によって事前に廃棄されていた。しかし、最も重大な機密とされた「禁断の実」である「U235」は処分の仕様がなく、やむを得ず遺留されていた。艦長を除くドイツ人乗組員たちは、未だその存在を感知していない。

二人の遺体は、夜の闇に紛れるかたちで甲板上へと運ばれ、遺書が命じた通り、水葬に付されることとなった。海上航行をしていたU234号が一旦、ディーゼルエンジンを切った。「サットン」に無用な嫌疑を与えぬよう、すべての作業は首尾よく迅速に行われた。ケンバスに包まれた遺体は、ハンモックへと納められた。フェーラー艦長の命により、亡骸は一体ずつ、大西洋の波間へと落とされた。白き手の厳粛なる敬礼に見送られ、二人の遺体は暗い海中へと消えた。

翌一五日、U234号は「サットン」に完全に拿捕《だほ》される格好となり、一九日、アメリカの東海岸に位置するポーツマスの海軍基地に入港した。U234号の艱難《かんなん》に満ちた孤寂《こじゃく》な旅が、終焉を迎えた。

久しぶりに大地を踏みしめたドイツ人乗組員たちは、連合軍の捕虜となった。彼らは、群がったアメリカの民衆から罵声の限りを浴び、中には暴力を振るわれて怪我をする者まで出た。アメリカにはそれまでの戦争の経過の中でUボートの犠牲になった者も多く、そんな彼らの家族や友人にとって、ドイツ人乗組員たちは憎悪の対象以外の何ものでもなかった。

ドイツ人たちは収容所へと回されたが、彼らの所有していた勲章や腕時計、万年筆、さらには結婚指輪までもが、一部の心貧しき米兵によって掠奪《りゃくだつ》された。ポーランド系アメリカ人の獄吏に、棍棒で殴打されることもあった。

当時のアメリカの新聞を見ると「Uボートを拿捕した」ことを伝える記事が大きく掲載され

ている。中には「艦内で二人の日本人が自決していた」ことに触れた紙面もあった。

庄司、友永と交流のあった駐独海軍武官・小島秀雄は、五月一七日の朝、ドイツの地において、イギリスBBCのラジオ放送により二人の自死を聞知《ぶんち》したという。

「U235」の正体

ポーツマスの軍港では早速、U234号の積荷に関する検査が始まった。

U234号の艦内に二人の日本人が運び込んでいたケースの中から、その「禁断の実」こと「U235」は間もなく発見された。

この時に作成された「積荷リスト」を、アメリカ国立公文書館が戦後に公開しているが、その極秘文書の中には「URANIUM OXIDE」との文字がある。

すなわち、そのケースの中身とは「酸化ウラン」であり、日本側が入手を目指していたのはウランの同位体である、所謂《いわゆる》「ウラン235」であった。

日本の陸海軍は、アメリカに大きく遅れを取りながらも、原子爆弾の開発を進めていたが、その原料となるウランの不足が研究の大きな障壁となっていた。

ウラン235は核分裂を起こしやすく、中性子を当てて連鎖反応を開始させれば、大量のエネルギーが一気に解放されて核爆発を招く。しかし、ウラン235は稀少《きしょう》で、天然ウランに含まれる割合はわずか〇・七%ほどしかない。九九・三%は分裂しにくいウラン238である。ドイツの占領地内には、大規模な天然ウランの産地があり、日本がここに目を付けたのは当然のことであった。

ポーツマスの軍港では、ガイガーカウンターを持った専門家らが慌ただしく出入りする光景が見られた。地元紙は「もし爆発したら全ポーツマスと周辺地域を地球の表面から消してしまうほどのウランが発見された」などと書き立てた。

このU234号内にあったウラン235は、ポーツマス軍港からワシントン郊外の海軍基地へと移送されたことまでは判明しているが、その後にどう処理されたのかについては確言できない。

広島に落とされた原子爆弾には大量のウラン235が使用されていたが、これがU234号の積荷から転用されたものだった可能性は低い。U234号が日本に運ぼうとしていた酸化ウランを原爆に使用するためには、高濃度に濃縮する作業が必要となる。しかし、U234号内で発見されたウラン235の量では、濃縮ウランとしては三キロほどの量にしかならない。広島に投下された「リトルボーイ」には約五〇キロもの濃縮ウランが積載されていたと言われている。

また、当時のアメリカが、すでにマンハッタン計画の進行過程にあり、大量のウランを充分に保有していた点を考えれば、U234号内のウラン235が「リトルボーイ」にそのまま転用された可能性は、決して高くないと言っていいであろう。

しかし、その真相は深海のごとき闇の中である。

遺書

昭和二〇年六月、庄司の家族は、元三の故郷である山梨県に縁故疎開していた。

六月中旬のその日、妻の和子は桑の皮むき作業に追われていた。山のように積み上げられた桑の皮を背負って帰宅した和子を待っていたのは、一通の封書であった。それは、庄司の同僚が寄せたものであった。和子は嫌な予感に駆られながら、文面を読んだ。そこには、次のような主旨の言葉が書き連ねられていた。「ドイツの潜水艦の中で自決をした日本の海軍士官が二人いたという。その内の一人が庄司さんである可能性が高い」

庄司家の次男である元信はこの時、九歳。父がヨーロッパに旅立った時はまだ二歳半の稚児であったため、父親に関する直接の記憶は全くなかった。しかし、彼は父の死を知ったその日、自宅の押し入れに籠って泣いた。

取材時、七四歳となっていた元信さんは、時折やや視線を落としながら、幽寂《ゆうじゃく》とした口吻《こうふん》で語る。

「顔も覚えていない父親でしたが、何故でしょうね、涙が出ましたね」

戦後の昭和二一年、庄司家に一通の遺書が届けられた。実は、庄司はU234号に搭乗する前、日本の家族宛に遺書を書いていたのであった。それを庄司から託されていた人物が、敗戦後にようやく帰国が叶い、庄司家に手紙を届けたのである。遺書と共に、ひとつまみの髪の毛と、万年筆が同封されていたという。

その遺書は現在、広島県の呉市海事歴史科学館「大和ミュージアム」の展示室にある。

〈元彦をなくしたお母さん、元信、元昌が、おとうさん早くお帰りなさいと呼ぶ声は始終耳にきけどもとうさんも又日本の航空技術を負って立つ身なり〉

手紙の文字は、ひそとして音を立てない。

二人の息子への呼びかけとしては、以下のような不壊《ふえ》の文字が綴られている。

〈母は父無き子を育つるのにお前たちの想像し得ざる苦しみを経たる者なることを肝に銘じお

き、将来お前たちが独立する場合にも母を孤独に泣かしむるが如きこと夢あるべからず。母はお前たちにとりてはいつも遠久《ママ》に絶対なるぞ〉

昭和二一年の夏には、庄司家に白木の箱が届けられたが、その中には「英霊」と書かれた一片の薄紙があるのみであった。

戦後の庄司家の生活は困窮した。未亡人となった和子は洋裁を学び、残された子供二人を女手一つで育てた。

「正直に告白すれば、ですよ」

元信さんはそう前置きした上でこう語る。

「若い頃は父親を恨みましたよ。つまり、遺された家族が、その後にどれだけの苦労を強いられるのかということについて、考えが足りていないじゃないか、と」

父親の固い背中を知らずに育った元信さんが、言葉の端々に感情の遣る瀬ない浮沈を宿しながら、率直な胸中を吐露する。

「周囲の人たちから『お前の親父さんも死ぬことはなかったのに』などと言われたりすると、無性に悔しかったものです」

取材後の雑談の中で「大学時代の第二外国語」の話柄《わへい》となった際、元信さんは、

「ドイツ語をやりました」

と照れくさげに口にした。「父親を恨んだ」と洩らした元信さんだが、やはり亡き父を心棒とした部分は間違いなくあったのだろうと、浅見ながら忖度《そんたく》したくなった。

§

庄司元三の死処となったU２３４号は、一九四七年一一月二〇日、アメリカ海軍の潜水艦「グリーンフィッシュ」の魚雷テストの標的とされ、大西洋の藻屑《もくず》と消えた。

敗戦からしばらくの光陰が流れたある日、庄司の遺品が日本の家族の手に戻った。コンタックスのカメラや指輪、ブローチ、懐中時計といったそれらの遺品は、庄司が潜水艦に乗り込む前に、知人の駐在武官に託したものであった。

また、彼の命日には、ドイツ連邦共和国政府から駐日大使を通じて、バラの花束とチョコレートが毎年、家族のもとに届けられた。

アメリカで捕虜となっていたU２３４号のドイツ人乗組員たちは、祖国へと戻った後、艦内での日々について語り、ある者はドイツ国内の雑誌に手記を寄稿するなどした。後に和子はドイツを旅行し、U２３４号に同乗していたケスラー元空軍大将とも対面を果たした。

一九九二年五月三日付のドイツ紙『ノルトバイエルン・クリア』には、U234号についての記事が改めて掲載されている。二人の自決は「ハラキリ」という表現と共に伝えられた。

和子は平成一九年一〇月七日に九四年間の生涯を閉じた。元信さんは母と同居し、最期の日まで寄り添った。

「父の遺書にあった『母はお前たちにとりてはいつも遠久に絶対なるぞ』という言葉ですね。あれが結局、頭から離れなかったんですよ」

元信さんはそう言って、莞爾《かんじ》として一笑した。

§

「234」は破壊の果てに「0」となった。一方、「235」の半減期は「約七億」年であるが、こちらも繊細なガラス細工のごとき歴史という座標軸上においては、すでに「0」に帰している。

けれども、庄司の本懐までもが無になったと算じてしまうことは、形而上学における枯渇と分裂であろう。

小舟のような人間の生涯の舵《かじ》取りに、頼るべき数式や定理など存在せず、言葉少なき生命の航跡そのものが、千尋なす海原において、一つの妙《たえ》なる道標となるのみである。

海面に曳かれたその白い泡沫《うたかた》の筋とは、舐《な》めてみればげに塩辛いに違いなく、それは泪《なみだ》の流れた跡にも似ている。

第四章

特攻隊発祥の地を歩く

——敷島隊員・谷暢夫の生涯を追って

あるフィリピン人の証言

目の前を流れる蝸牛《かたつむり》色をしたバンバン川は、何かの裂傷か残滓《ざんし》のようにも見える。虚無を漂わせる生死の凝結が、危うい均衡をわずかに保ちながら、震えるがごとくして這《は》ってゆくその艶《なま》めかしい様は、情念の集合体のようでもあるし、胎盤のようでもある。

フィリピンの首都・マニラから北西に八〇キロほど離れた場所にあるアンヘレスという地方都市を訪ねた。

この街に住むフィリピン人のダニエル・H・ディソンさんは、自宅の一室を「カミカゼ・ミュージアム」として開放している。艶《つや》のある白髪をしたディソンさんは、ゆっくりとした穏やかな口調で言う。

「日本軍の『カミカゼ』は、この街の郊外に位置するマバラカット飛行場で初めて編成されました。そして最初の特攻隊である『敷島隊《しきしま》』はそこから飛び立って行き、アメリカの艦船に体当たりしたのです。つまり、この地は言わば『カミカゼ発祥の地』なのです」

一九三〇年生まれのディソンさんは、一九四一年一二月八日、真珠湾攻撃の日に、日本軍の航空隊がアンヘレスの街の上空を飛んで行くのを目撃した。この日、日本軍は真珠湾だけでなく、アジア各地で同時に攻撃を開始していたが、フィリピンではアンヘレスにある米軍のクラーク・フィールドが急襲の対象地となっていた。

「それまで日本軍が来るなど全く予想もしていなかったので、とても驚きました。不安と衝撃を感じたのを覚えています。私の祖父は『日本は遠い国なのに、どうしてこんなところまで来られたんだ』と叫んでいました」

日本軍のこの空襲は成功し、クラーク・フィールドの米軍は壊滅的な打撃を受けた。

その後、アンヘレスの街に日本軍が進駐して来た。ディソンさんは当時のことをこう振り返る。

「初めは日本軍と言えば恐怖の対象でした。と言うのも、この街にいた中国人が『日本軍は残虐だ』という話を繰り返し吹聴していたからです。しかし、実際にやって来た日本兵は、立派な戦士たちでした。特に私たち子供に対して、優しく接してくれたことを覚えています。そんな良き思い出が、このミュージアムを造ったきっかけなのです」

戦時中、ディソンさんは近所の友人たちと共に、よく日本軍の駐屯地へ行き、兵隊たちの訓練や、剣道の稽古の様子などを見ていたという。トラックから積荷を下ろす作業を手伝って、餅や芋などの食糧を貰ったこともある。

やがて、ディソン少年は何人かの兵士たちと殊に仲良くなった。「ヤマカワ」という名の中尉は、ディソンさんのことを、

「自分の小さな弟によく似ている」

と言って可愛がり、時に手を繋いで一緒に散歩したという。

当時、デッサンが得意だったディソンさんは、日本兵たちをモデルにして絵を描いた。描きあげたばかりの絵を日本兵たちに渡すと、彼らはとても喜んだという。

「日本の兵士たちは、フィリピンの文化や風習を理解しようとしているように見えました。そういった態度は、それまでこの地を占領していた米軍の兵士たちよりも、ずっと顕著だったと思います」

そう話すディソンさんだが、こうも付け加える。

「ただ、もちろん、戦時中ですからね。日本軍の攻撃によってフィリピン人に犠牲者が出たケースも多々ありました。しかし、戦後に言われるように『日本軍は悪魔のように残虐だった』というようなことは、私の知る限り全くありませんでした。彼らはいつも凜々《りり》しく、正直で、そして時に素敵な笑顔を見せてくれました。私はそんな彼らをとても身近な存在に感じていたのです」

情感の翅《はね》を畳むようにして、ディソンさんは続ける。

「そんな日本兵たちが、戦争末期、『体当たり攻撃』を断行していたことを、私は戦後になってから知りました。そして、深い畏敬の念を覚えたのです」

カミカゼ・ミュージアムには、飛行服や鉢巻、軍刀など、日本軍に関する遺留品が所狭しと陳列されている。壁には「神風《しんぷう》特別攻撃隊」として最初に戦果を収めた「敷島隊」の五人の肖像画が掲げられているが、これはディソンさんが自ら筆をとったものだ。戦時中、日本兵の姿を絵に描いていた少年は、戦後、画家として成功し、フィリピン国内での名声を得た。そんなディソンさんが、敷島隊員たちの肖像写真を入手した上で、心を込めて描いたのが、この五枚の肖像画であるという。

私は息を呑んで、これらの絵に見入った。何故《なぜ》なら、この肖像画の中に、私が探し求めていた人物の風姿もあったからである。

谷暢夫の青春

大正一三年六月二一日、後の敷島隊の一員である谷暢夫《のんぷ》は、岐阜県揖斐《いび》郡の地に生まれた。母・一枝《かずえ》は長男である暢夫を「ノンちゃん」と呼んで可愛がった。暢夫の弟にあたる英夫《えいふ》さんは言う。

「ほとんどの記録も『のぶお』となっていますし、昔から周囲の方々もそう呼んでいたので間違いではないのですが、本当は『のんぷ』と読むのが正しいんです。だから『ノンちゃん』です」

暢夫の四つ年下にあたる英夫さんは取材時、八三歳。兄のことをこう述懐する。

「何事にも夢中になる性格でした。物事をくよくよ考えず、前向きに捉えることのできる人でした」

父・文雄は西本願寺系の寺院の僧侶であったが、昭和一〇年、一家は京都府の舞鶴に転居。文雄は明教寺《みょうきょうじ》という寺の住職となった。

やがて、近隣の中学に通い始めた暢夫は、模型造りに夢中になった。英夫さんが言う。

「寺の本堂の脇に子供部屋があったのですが、そこが兄の『仕事部屋』で、よく模型飛行機を造って遊んでいました。ハンダで畳をしょっちゅう焦がすので、母に随分と叱られていました」

そんな暢夫だが、中学の五年時に「甲種飛行予科練習生」（略称「甲飛」）の採用試験を受けた。所謂《いわゆる》「予科練」である。「空の士官」を目指すことになる予科練は、この当時の多くの男子から憧憬を集める存在だった。暢夫は友人たちから誘われるかたちで受験した。

学力と適性が試される採用試験は、倍率も高く難関であったが、暢夫は見事に合格。この界隈で初めての甲飛合格者となった。共に受験した友人たちは皆、選に漏れていた。模型飛行機の製作に熱心だった少年は、こうして海軍の飛行兵への道を歩み始めたのである。

甲飛合格者たちはまず初歩訓練として、飛行予科練習生の専門教育部隊である茨城県の土浦海軍航空隊に約六ヵ月間、入隊することになる。

昭和一七年四月一日、谷は「甲飛一〇期生」の一員として、土浦の隊門をくぐった。この時、彼は未だ紅顔《こうがん》にあどけなさの残る一七歳という若年である。

憧れの予科練生活だったが、入隊後の訓練の苛烈さは、彼を驚かせた。匍匐《ほふく》前進や突撃訓練といった陸戦に関する課業から、短艇（カッターボート）の操舵訓練、通信技術の習得といった基礎教育の時間が延々と続き、航空機の操縦桿《そうじゅうかん》などは一向に握らせてもらえない。

暢夫は元々、陽気な性格であったが、そんな彼の心を暗鬱にさせたのが、教官からの恣意《しい》的な制裁であった。樫の木から造った「バッター」などと呼ばれる棒で、尻を思いっきり殴打される。特に理由などなくても、このような制裁は日常的に行われた。

そんな日々の中、両親想いで筆まめな彼は、故郷に頻繁に手紙を書き送っている。

八月には一〇日間の休暇が出た。暢夫は家族が待つ舞鶴へと汽車を乗り継いで帰った。駅まで出迎えに来ていた母・一枝は、久しぶりに見る長男の姿に驚嘆した。表情も体格も、見違えるほど逞《たくま》しくなっていたためである。

舞鶴に到着したのが夜遅くだったこともあり、その晩は早めに休んだ。そして翌朝、

「お母さん、洗濯は自分でやるよ」

との息子の言葉に、再び驚く一枝であった。

この帰省中、軍隊生活の過酷さについて、暢夫は一言も洩らさなかった。

母との別れ

昭和一八年五月、谷暢夫は無事に予科練を卒業。その後、北海道の千歳航空隊に配属された。同年一一月、千歳での初歩教程を優秀な成績で終えた谷は、延長教育としての実用機教程に進むため、今度は四国の徳島航空隊への転属が決まった。

四国へ向かう前、谷は故郷に手紙を出した。列車で岐阜を通過する予定の日時に、駅まで顔を見せに来てくれないかと母親に頼んだのである。一枝がその頃に故郷の岐阜に所用で滞在しているのを知っての頼みであった。

東海道線の列車が岐阜駅に到着した時、谷の耳に懐かしい声音《こわね》が届いた。

「ノンちゃん!」

乗降客で溢れる駅のホームに母の姿を認めた彼は、車窓から身を乗り出して手を握った。周囲の同期生たちに憚《はばか》ることなく、谷は手短かに近況を伝え始めたが、程無くして無情にも発車のベルが鳴り響く。列車がゆっくりと動き出し、谷が別れを受容しようとしたその瞬間、目の前の母が卒然と驚くべき行動に出た。一枝が窓から強引に車輛に乗り込んで来たのである。谷

は咄嗟《とっさ》に母親の身体を引っ張り込んだ。一枝は、

（舞鶴に帰るにはどうせ京都駅まで行くのだから、このまま列車に乗ってしまおう）

と瞬間的に考えたのだという。

別離に対する虚しさの漲《みなぎ》りが、母を突飛とも言える行動に走らせたのであった。

§

徳島航空隊では、さらに過酷な訓練が谷を待っていた。九六式艦上戦闘機や零戦を使っての猛訓練に明け暮れる毎日である。

年が明けた昭和一九年の一月、谷は徳島での実用機訓練を終え、愛媛県の松山基地にある第二六三航空隊に配属された。

それから間もなくして、谷にもいよいよ外地へ向かう時がやって来る。赴任地はマリアナ群島のグアム島と決まった。

出発の直前、一枝は松山を訪れて息子と最後の面会を果たした。一枝は持参した白いマフラーや数珠《じゅず》を愛息に手渡しながら、哀願するようにして言った。

「戦地に出ても死ぬことだけが奉公じゃないのよ。ね、ノンちゃん」

谷は何度も頷《うなず》いて、優しく笑みを返したという。

この直後、谷はグアム島へと向かった。

これが二人にとっての永劫《えいごう》の別れとなった。

特攻作戦の訓示

谷はグアム第一飛行場を拠点として哨戒などの任務に当たったが、その後、彼が所属していた第二六三航空隊は、新たに編成された第二〇一航空隊に吸収された。

第二〇一航空隊の主任務は、フィリピンの防衛である。

谷の新たな赴任地となったフィリピンでも、戦局は極めて逼迫《ひっぱく》していた。谷は当初、セブ島の基地に駐屯したが、一〇月一四日、ルソン島に転出となった。

この移動の際、谷と同じ航空機に乗ったという人物に会うことができた。愛知県豊橋市に住む河辺（旧姓・中野）勇さん（九二歳。取材時）は、第二〇一航空隊の整備兵としてセブ島に駐留していたが、ルソン島へと転出する際、谷が操縦する航空機の後部座席に座ったという。河辺さんは言う。

「谷さんとはずっと第二〇一航空隊で一緒でした。谷さんの操縦する軍用機でセブ島からルソン島のクラーク・フィールドまで飛んだんです」

河辺さんが、谷との思い出を語る。

「いつだったか、谷さんからこんな話を聞きました。『敵襲に遭った際には、無闇に逃げてはいかん、動いちゃいかん』と。谷さんは操縦者としての経験から、『動いている人間や自動車は上空からよく見える』ということを教えてくれたのです。だから機銃掃射の際には『その場に寝ろ』というんですね。『もし岩や石などが近くにあれば、そこに頭を隠して、飛行機から見て平行の角度になるようにして身体を寝かせろ』と教えてくれました」

河辺さんが昔時《せきじ》を懐かしむ。

「谷さんはそういうことをわざわざ私たち整備兵にまで教えてくれるような、そんな心の優しい方でした」

ルソン島での河辺さんは、毎朝四時に起床して、零戦の油圧を上げるといった整備作業に従事した。

§

一〇月一七日から始まった米軍によるレイテ島への上陸作戦を受け、日本側は一八日に捷《しょう》一号作戦を発動。そして、この日、河辺さんは内地への帰還命令を受け取った。この時、河辺さんは谷から餞別《せんべつ》として軍用タバコの「ほまれ」を貰ったという。翌一九日の朝、河辺さんは一式陸上攻撃機に乗って内地に発った。

第一航空艦隊司令長官である大西瀧治郎《おおにしたきじろう》中将が、マニラ湾を望む海岸通りに建つ第一航空艦隊司令部から、マバラカットの第二〇一航空隊の本部を直々に訪れ、「体当たり攻撃」の実施を幹部たちに求めたのは、河辺さんが内地に向かったその一九日である。

以前より海軍中央で議論されていたこの作戦に関し、大西は当初、反対の態度を示していた。しかし、戦局の泥沼化に伴い、大西もその思想を転じるより他に道はなかった。もしフィリピンが落ちれば、米軍は一気に日本本土へと邁進《まいしん》するに違いない。日本軍はレイテ島の近海で一大決戦を挑む予定である。大西にとっても、懊悩《おうのう》の果ての決断であった。

谷のいる搭乗員宿舎に、

「甲飛一〇期生、総員集合！」

との号令が届いたのは、大西がマバラカットを訪れたその日の夜である。宿舎から本部へと参集した甲飛一〇期生たちは、谷を含めて三〇名ほどである。

薄暗い従兵室の中で、第二〇一航空隊の副長である玉井浅一《あさいち》中佐が、戦況の報告を行った後、「体当たり攻撃」の実施を訓示した。零戦に二五〇キロ爆弾を装備し、敵の空母に突撃する作戦を決行するという。黒縁の眼鏡をかけた玉井中佐が、大声を張り上げた。

「いいか！　貴様たちは突っ込んでくれるか！」

しばらくの間、何かが軋《きし》むような時が室内に流れた。甲飛一〇期生たちは、思わず言葉を失っていた。入隊した際、あるいは祖国を離れた時、各々が多かれ少なかれ「命の覚悟」をすでに充分に抱いていたことは事実である。しかし、正式な命令として「体当たり攻撃」が発せられたことについては、率直に喫驚《きっきょう》せざるを得なかった。

そんな様子を見た玉井中佐が、声高に畳み掛ける。

「行くのか！　行かんのか！」

甲飛一〇期生たちの手が徐々に挙がり始めた。「祖国を救う唯一の道」と説明されたこの作戦に対し、心から意気に感じて手を挙げた者たちも確かにいた。しかし、拒む態度が決して許されないというような集団心理が働いたのも、また実相であった。

それまでの戦闘において、「航空機による体当たり」自体には前例があった。しかし、それらは、通常攻撃の結果、機器の故障などから帰還が難しいと操縦者が判断した上での個人的な「体当たり攻撃」であり、出撃時から「十死零生《じっしれいしょう》」の航空攻撃を組織的に断行するということは、帝国陸海軍の歴史においても初めての決定であった。否、世界史の中でも最初の出来事と言っていい。

心の巣を覗かれるような、異様な緊迫感が鈍く横揺れする中で、結果的には全員が挙手するかたちとなった。

こうして甲飛一〇期生たちは「全員志願」となったのである。その中には当然、谷の姿もあった。

この作戦は、すぐ翌日の二〇日から開始される予定であるという。

第一陣の隊員については「翌朝に発表する」という旨のみが伝えられ、その夜は解散となった。

苦悩の日々

一〇月二〇日の朝、予定通り、「体当たり攻撃」に関する編成が通告された。「体当たり攻撃」を実施する部隊は「神風特別攻撃隊」と命名され、さらに隊は「敷島隊」「大和隊」「朝日隊」「山桜隊」という四つに分けられていた。これは本居宣長の「敷島の大和心を人問はば朝日に匂ふ山桜花」という歌にちなんだものである。

谷暢夫の名前は、敷島隊の四名の中に含まれていた。

神風特別攻撃隊の隊員たちは、第二〇一航空隊本部の前庭で大西長官から訓示を受けた後、飛行場で出撃待機となった。

死を目睫《もくしょう》にした谷は、辞世として幾つかの和歌を詠んでいる。

身は軽く　務《つとめ》重きを　思ふとき
今は敵艦に　ただ体当り

遺書としては次のような言葉を綴っている。

〈何一つ親孝行できなかった私も最初で最後の親孝行をします。ご両親の長命を切に祈ります〉


幾多の自問の末、深甚《しんじん》なる想いの氾濫《はんらん》を最期まで両親に捧げる息子であった。

午後三時過ぎ、マバラカット飛行場で出撃を待つ隊員たちのもとを、大西長官が自ら訪ねた。

飛行場の脇を流れるバンバン川の河原で、大西と隊員たちは別れの水盃《みずさかずき》を交わした。

しかし、その日は天候の不順などを理由として結局、決行を断念。翌二一日に延期となった。

大和隊のみ、セブ島の基地へと移動した。

迎えた二一日、敷島、朝日の両隊に改めて出撃命令が下った。整列した隊員たちは、今度は玉井中佐と水盃を交わした。

飛行服姿の隊員たちが、各々の愛機に乗り込んで、離陸の準備を整える。四機の敷島隊機には、援護のための直掩《ちょくえん》隊が同じく四機、付けられた。

ところが、谷の乗った零戦に異変が起こった。エンジンの出力が思うように上がらないのである。谷の心に堪え難き動揺が走る。結局、彼の零戦だけは発進することができなかった。次々と飛び立って行く戦友たちを地上から仰ぎながら、彼は何を思っていたであろう。

しかし、蔓草《つるくさ》のごとき運命の絡み合いは尚も続いた。盛大なる「帽振《ぼうふ》れ」に見送られながら出撃した両隊であったが、事前に齎《もたら》されていた索敵情報が杜撰《ずさん》だった結果、敵の機動部隊を発見できず、やむなく予定到着地点から反転し、近隣のレガスピ飛行場に不時着したのである。

この日、セブ島の基地からは大和隊が出撃。しかし、三機の内の二機がエンジントラブルなどを理由に帰投し、隊長の久納好孚《くのうこうふ》の乗った一機のみが未帰還となった。しかし、アメリカ側の資料に拠《よ》ると、この日に「体当たり攻撃」を受けたという記録はなく、久納が特攻を実行したのか否かについては、今も不明である。

二二日、不時着先のレガスピ飛行場から、敷島隊機がマバラカット飛行場に苦衷《くちゅう》と共に戻って来た。

二三日、敷島隊は改めて出撃を果たす。今度は谷も出撃した。だが、この日も悪天候に妨げられ、引き返すことを余儀なくされた。

生命の延長とは時に非情である。この間の隊員たちの心の平衡の維持が、如何《いか》に困難な作業であったかについては、想像するに余りある。

滴るような残酷な日々はさらに続いた。

二四日、敷島隊は三度目となる出撃。しかし、またしても天候不良により、敵機動部隊を発見すること能《あた》わず、無念の帰還となったのである。

旅路の果て

一〇月二五日の朝、敷島隊にとって実に四度目となる出撃が行われた。敷島隊は再編の結果、一名が増員されて計五名となっていたが、谷の所属はそのままであった。

出撃の直前、谷は基地に残る戦友たちに対し、白い歯を見せて笑ったとも伝えられている。

栗田健男中将率いる味方の艦隊（第一遊撃部隊）はレイテ湾への突入を目指しており、これを援護するため、敵空母に突撃することが敷島隊に課せられた任務である。空母の飛行甲板を破壊し、敵の艦載機を無力化させることがその目的であった。

午前七時二五分、五機の爆装零戦が、四機の直掩機と共に順々に離陸していく。目標はフィリピンの東海岸沖を遊弋《ゆうよく》しているはずの米機動部隊である。

操縦桿を握る谷の首元に、母から貰った白いマフラーは巻かれていたであろうか。

午前一〇時一〇分、五機の特攻機は、サマール島に近い空域にまで進出。戦艦「大和」を中心とする栗田艦隊が、敵の航空部隊と会戦しながら大海原を航行している様子を上空から目視することに成功した。

それから約三〇分後、敷島隊の隊員たちは、タクロバン沖の海域で、二列になって進むアメリカの機動部隊をとうとう発見した。

以降の戦闘の展開については諸説あるが、本稿での主な記述は、アメリカ側の公式の戦闘記録と、帰還に成功した直掩隊からの報告に拠る。

五機の零戦は、レーダーの捕捉を避けるため、海面近くの低空から敵艦に接近した。輪形陣を突破した後、零戦は急上昇し、そこから全機がほぼ同時に突入の態勢を整えた。零戦の侵入を阻止しようと、すぐさま激しい対空砲火が始まった。

敷島隊の隊長である関行男大尉は、左翼側の先頭を航行していた護衛空母カリニン・ベイに狙いを定めた。関の乗った一番機が、約六〇度という高角度から飛行甲板の前部へと一気に迫る。猛烈な対空砲火を受けた一番機は、最後は「錐揉《きりも》み」の状態となったが、そのまま艦橋に激突。艦上に激しい焔《ほのお》を巻き起こした。しかし、装備されていた二五〇キロ爆弾は不発だった。

効果が充分でなかったその様子を風防の中から確認したのであろう、続いてもう一機が同じくカリニン・ベイへと急降下を開始した。途中、対空砲火の命中弾を受けながらも、機体は左舷へと突撃。衝突と同時に二五〇キロ爆弾が猛烈な爆発を起こし、同艦は「中破」となった。

敷島隊の残りの三機の内、二機が護衛空母ホワイト・プレインズへと猛進した。しかし、一機は途中で被弾して黒煙を噴き出した。すると、その傷ついた零戦は、不意に方向を転じて、火達磨《ひだるま》となりながらも、護衛空母セント・ローの飛行甲板へと特攻。二五〇キロ爆弾は飛行甲板を突き破り、格納庫内で爆発した。この爆発により、格納庫内に収蔵されていた爆弾が次々と誘爆を起こし、セント・ローは特攻を受けてから約三〇分後に沈没した。

ホワイト・プレインズに向かっていたもう一機は、同艦の左舷艦首まで一挙に肉迫したが、あと数フィートというところでわずかに逸れ、海面に落下して砕けた。

別のもう一機は、護衛空母キトカン・ベイに接近し、機銃を乱射しながら突入を試みたが、飛行甲板から外れて左舷外側通路の辺りに衝突した。

関の乗った一番機がカリニン・ベイに特攻したことは判明しているが、残りの四機については、どれがどの機体であったか不明である。よって、谷の今際《いまわ》もこれ以上、記述することができない。だが、血も燃ゆるがごときこの凄絶《せいぜつ》な戦闘において、彼の肉体がもろくも四散したことは、疑いようのない事実である。

彼の弾力ある二つの眼球が最後に知覚したものとは、一体どのような光景だったのであろう。咽頭は如何なる音を発したか。

二〇年と四ヵ月ほどの彼の旅路の果てであった。

特攻隊発祥の地

五機の敷島隊は、護衛空母の一隻を撃沈、二隻を中小破するという赫々《かくかく》たる戦果を上げた。

しかし、五人の献身にもかかわらず、栗田艦隊のレイテ湾への突入は成功しなかった。

それでも、特攻作戦が予想以上とも言える戦果を上げたのは事実であった。そして、この望外の実績が、その後の特攻作戦を肥大化させていく最大の誘因となったのである。

特攻隊については国内でも大きく報道された。舞鶴の谷家の人々が、暢夫の特攻死を知ったのは、一〇月二九日付の新聞の紙面によってであった。近隣の者たちが、

「新聞に出てますよ」

と次々に境内《けいだい》に集まり、騒然となったのである。

国に殉じた五人は「軍神」として敬慕の対象となった。

しかし、翌昭和二〇年八月一五日に日本が敗戦という国家の蹉跌《さてつ》を迎えると、時代はすげな

く手の平を返した。「軍神」は「戦争協力者」と改められ、その死は「狂信的」という一種の侮蔑と共に「犬死に」と判じられるようになった。それは、特攻を命じた軍令よりも、ずっと残酷な変転であったとも言えよう。

マバラカットの谷の遺留品は、家族の元に戻らなかった。フィリピンから遺品を移送していた航空機が、敵襲に遭って墜落したためである。

よって、谷家には彼の最期の遺品がない。

もちろん、一片の遺骨もない。

谷暢夫の弟である英夫さんは、戦後になって寺を継ぎ、現在まで守り抜いている。彼は兄の生涯をこんな風に考えている。

「特攻自体については『こんなに非人間的な作戦は他にない』と思っています。しかし、兄はそんな時代の中で、それなりに自分で自分を納得させながら、精一杯、生き抜いたのではないでしょうか。生への執着を拭うことは難しかったでしょうが、しかし、兄の心の中には満足もあったのだと私は信じています」

英夫さんは本堂の入り口の辺りを指し示しながら、最後にこんな話をしてくれた。

「そこにケヤキの柱があるでしょう？　その柱のあちこちに空気銃の弾の跡が一〇ヵ所くらい残っています。これは、子供の頃、兄と一緒に遊んだ跡なんです。この柱を見るたびに兄を思い出します。私にとっては、この跡こそが一番の懐かしい兄の遺品なんです」

忘れじの人の笑顔が脳裡に蘇ったのであろうか、英夫さんはそう言った後、言葉を詰まらせた。

§

カミカゼ・ミュージアムを運営するダニエル・H・ディソンさんは言う。

「九・一一のテロがニューヨークで起きた時、『第二のカミカゼ』という呼び方が世界的にされましたね。フィリピンでもそういう報道が為されました。しかし、民間人を標的としたテロリストと、国家の存亡を賭けて戦場で戦ったカミカゼとは全く違う存在です。それを同じものとして語る人たちが多いことに、私は怒りを抑えられません」

カミカゼ・ミュージアムに掲げられた敷島隊員の肖像画を改めて見やっていた私は、不意にあることに気付き、虚を衝かれて、視線を一点から動かせなくなった。

——谷の首元にマフラーが巻かれていたのである。

一枝が贈った白いマフラーとの邂逅《かいこう》であった。

ディソンさんはカミカゼ・ミュージアムだけでなく、谷たちが飛び立って行ったマバラカット飛行場の跡地にも記念碑を建てている。マバラカット飛行場は戦後に米軍基地となったが、一九九一年六月、近隣のピナトゥボ山が噴火した際に壊滅。記念碑も火山灰と泥に埋まった。その後に再建されたものが現存する碑である。

バンバン川も、幾度かの洪水の影響で、川筋が変化しているという。鳶色《とびいろ》の大地に定型などなく、あるのは寡黙で滔々《とうとう》とした時の移ろいのみである。

戦時中、この川のほとりには、日本軍の戦闘指揮所や下士官用のテントなどがあった。特攻隊の隊員たちが大西長官と水盃を交わしたのも、この川の河原である。

川面を渡ってきた生暖かい軟風《なよかぜ》は、誰かの吐息のようにも感じられ、私の蟀谷《こめかみ》の辺りに軽い惑いを生じさせた。

泥多き水の面《おもて》には、青空も棚雲も映らない。川底は陽光の存在など知らぬであろう。もつれ合うようにして、水が水を引き摺《ず》っている。

人が人を引き摺るように。

近くにはアラヤット山が見える。かつて日本の若き戦士たちはこの山を「マニラ富士」と呼び、故国を懐かしんだ。標高約一〇〇〇メートルの山の稜線は、それほど富士に瓜二つというわけでもないが、祖国を思う強い気持ちが、寂寥《せきりょう》とした投影を呼んだのであろう。

そのなだらかな膨らみは、恰《あたか》も特攻死した若者たちの奥津城《おくつき》のようでもある。

谷暢夫の父親である文雄は、昭和二七年にこの世を去ったが、母・一枝は息子の「長命を祈ります」との遺言を守るようにして長く戦後を生き抜いた。

§

昭和五〇年一〇月、一枝はフィリピンの地を訪ねた。戦時中には、息子の乗車する列車に咄嗟に乗り込むといった行動を見せたことのある彼女も、すでに七〇代の老女となっていた。彼女は他の遺族らと共に、マバラカットの地に手を合わせ、過ぎ去りし日を偲《しの》んだ。

マバラカットを訪問した足で、彼女はレイテ島のタクロバンに渡り、息子が散華《さんげ》した蒼い海を見渡した。彼女は用意してきた花束を、砂浜から波間へと投げ込んだ。

その刹那《せつな》、不意に大きな白波が浜辺に打ち寄せ、彼女の身体に飛沫《しぶき》がかかった。この時に周囲に居合わせた者が後に語ったところに拠ると、彼女はこの際、

「ああ、〈のぶお〉が来た」

と思わず洩らしたという。

しかし、それは「聞き間違い」ではないかと私は思っている。彼女は汐の香に包まれながら、本当はきっとこう呟《つぶや》いたのではないだろうか。

「ああ、〈ノンちゃん〉が来た」

第五章

函館俘虜収容所第一分所で何が起きたのか

――陸軍大尉・平手嘉一の事例

開廷

己《おのれ》の生涯における最後の夜は、如何《いか》なる空様相が最も佳《よ》いだろう。無数の星が不気味なほどに瞬く澄清《ちょうせい》なる宙《そら》か。人生の腹立たしさにも似た重たい曇天か。

否、嵐はどうだろう? すべての無念を洗い流してくれるような、土砂降りの大嵐。天からの吐瀉物《としゃぶつ》のごとき雷電《らいでん》は、末路の暗夜に漂う不条理を払ってくれるだろうか。

§

——裁判初日。

昭和二一年一月一四日、横浜地方裁判所の軍事法廷には、正面に五名の裁判官と、六名の法務担当官が黙然と着座していた。

裁判長はオリバー・E・O・トレッチャーという名の壮年の男性である。午前九時の開廷から間もなくして、正面に向かって右側に陣取る検察側が、被告・平手嘉一《ひらてかんいち》に関する起訴状を読み上げ始めた。

「(被告は)日本軍隊に捕らえられた連合軍捕虜に対し、不法にも残忍かつ野蛮な虐待行為を働き、また、その他の罪を犯した」

「捕虜虐待」の容疑でBC級戦犯として起訴された平手嘉一は、自らに忽然《こつぜん》と降り掛かったこの容疑について、率直に驚きを感じていた。北海道は室蘭の函館俘虜《ふりょ》収容所第一分所の所長を務めていた旧陸軍大尉の平手だが、起訴内容に類するような捕虜への虐待など身に覚えがない。

被告人席に座る平手はこの時、二七歳。彼の心中には、いい知れぬ不安が澎湃《ほうはい》として押し寄せていた。

平手がGHQ（連合国軍最高司令官総司令部）からの出頭命令を受けたのは、終戦から約三ヵ月後のことである。札幌の北部軍司令部で残務整理中だった彼は、電報による出頭命令を受け取った。平手は急遽《きゅうきょ》、故郷の北見市に戻り、出頭の準備に追われた。

この遠き日々の平手の様子について、記憶を留めている人物がいる。

久保木久子さん（八四歳。取材時）は、平手の実妹である。艶《つや》のある銀髪を流した久子さんは、出頭前の兄の様子について、こう語る。

「兄は『当分、静養してくるよ』などと話していました。『帰ったら何をしようかな』とも口にしていました」

雲母《うんも》の欠片《かけら》のような記憶をめくるようにして、久子さんは追懐する。

「その時は、それほどの悲壮感はありませんでした。私たちも、そこまで深刻には考えていなかったのです」

平手は、友人の一人には、

「軍人として、自分は何一つ疚《やま》しいことはない」

と話していた。

また、平手には「河野たみ子」という名の婚約者がいたが、結婚については一先《ひとま》ず延期ということになった。平手は、

「二、三年、待ってください」

と彼女に伝えたという。

北海道を発った平手は巣鴨拘置所に入所した後、一二月一七日には他の四名の元同僚らと共に、軍事裁判が行われる横浜へと送られた。

スタルヒンと投げ合った青春

平手とは小学校、中学校と実に一一年間にわたって同級であった田村重見《しげみ》は、昭和二〇年一二月一五日付の新聞の紙面を見て、視界が歪《ゆが》むような感覚に襲われた。「戦犯者第一回裁判、俘虜虐待の五名」という見出しの記事の中に「平手嘉一」の名を発見したためである。田村は、

幼馴染みの親友が戦犯として起訴されたという事実を知って愕然《がくぜん》となった。その当時、在外邦人の引揚援護事業に携わっていた田村は、

（平手は捕虜を虐待するような男ではない）

と即座に確信を抱き、友人の無罪を訴えるための運動の開始を決意した。

田村にとっての平手とは、幼少の頃より敬慕と憧憬にも似た感情を寄せた存在であった。

大正七年二月二八日、平手嘉一は北海道歌棄《うたすつ》郡に生まれた。四人兄弟の第二子である。「嘉一」と書いて「かんいち」と読ませるが、「完一」という字を当てることもあった。

一家はその後、常呂《ところ》郡野付牛《のつけうし》町に移住。野付牛町立東小学校時代の平手は、温和な性格で友人も多く、成績も優秀だった。妹の久子さんはこう振り返る。

「勉強の得意な兄でした。一方の私は〈落ちこぼれ〉で。兄からは『このままだと橋の下だね』などとよくからかわれました。『勉強しなさい』といつも言われていましたね。実際、兄はしばしば勉強を教えてくれました」

小学四年時の秋に催された学芸会では、「曽我兄弟」の劇を行うことになったが、クラスメートたちからの推薦により、平手が「十郎祐成《すけなり》」、田村が「五郎時致《ときむね》」を演じた。父親の仇《かたき》を討つ主役の兄弟役である。烏帽子《えぼし》姿の二人は、精一杯の演技で大役を果たした。

また、背が高く、運動神経も抜群だった平手は、いつしか野球に夢中になり、五年時からは

投手として活躍した。田村も平手に吸い寄せられるようにして野球にのめり込み、遊撃手として投手の平手を助けた。

野付牛中学校（現・北海道北見北斗高等学校）に進んだ平手は、ここでも迷うことなく野球部に入部。三年時には三塁手、四年時からは投手となった。昭和八年の夏、第一九回全国中等学校野球選手権大会（現・全国高等学校野球選手権大会）の北海道大会東北海道予選に、四年生の平手は投手で四番という中心選手として出場。野付牛中学は、この予選大会で見事に優勝を果たし、全道大会に駒を進めた。

この全道大会での一回戦の相手が、旭川中学であった。旭川中学の先発マウンドには、巨体から剛球を投じる外国人投手がいた。共産革命から逃れてきた「白系ロシア人」である彼の名は、ヴィクトル・スタルヒンといった。後に東京巨人軍（現・読売ジャイアンツ）などでプレーし、プロ通算三百三勝をあげることになる大投手である。この若き日のスタルヒンと投げ合った平手は、最後まで粘りの力投を続けたが、味方の打線は豪腕投手の前に沈黙。結局、四対〇で野付牛中学は惜敗を喫した。

そんな平手であったが、彼の興味は野球のみに留まらなかった。野球の他に彼の心を揺さぶったのが文学だった。以下は、彼が中学四年時に作ったという詩である。

雨降れば　梢《こずえ》の枕
濡れ濡れて　行方は知らぬ　旅の鳥
あのことは　木の根に埋めて
あの人も　今朝の夢
人の世は夢にして　又夢ならむ
旅に泣く

繊細と早熟を感じさせる蒼き詩である。平手は戦前の「文武両道」を地でいくような生徒であった。五年時には野球部の主将となり、部員たちをよくまとめた。

昭和一〇年春、中学を卒業した平手は、一旦、国鉄の野付牛鉄道管理事務所に就職した後、大阪外国語学校（旧制。現・大阪大学外国語学部）に入学。外交官を志しての進学であった。同校ではフランス語を専攻し、さらに当然のように野球部の門を叩いた。

同校を卒業した平手は、朝鮮総督府に就職。京城（現・ソウル）の南大門の近くにあった総督府図書館の司書として働き始めた。

昭和一五年、召集された平手は、現役兵として旭川の第七師団輜重《しちょう》兵第七連隊に入隊した。

その後、幹部候補生試験に合格し、九州の久留米陸軍予備士官学校の門をくぐった。

昭和一六年七月に同校を卒業し、原隊復帰。同年一一月には少尉に昇進している。真珠湾攻撃によって対米戦が始まったのは、その翌月であった。

大東亜戦争が進行する中で、平手の原隊は北千島に転出。しかし、ちょうど肺浸潤《はいしんじゅん》の疑いで入院生活を送っていた平手は、原隊にそのまま残留となった。

昭和一七年一二月、平手は函館俘虜収容所第一分所の所長に任命された。外国語学校を卒業し、語学に精通していることを考慮されての配属であった。

一人のイギリス人捕虜との出会い

裁判の初日、罪状の読み上げを終えた検察官は、続いて訴因の朗読を開始した。

「平手嘉一は、連合軍捕虜レイモンド・C・サットルを不法かつ故意に虐待し、残酷に苦しめ、殴打し、飢えさせ、厳寒に身を晒《さら》させて死に至らしめた」

「平手嘉一は、多数のアメリカ及び連合軍の病人の捕虜に対し、不法かつ故意に、薬を与えなかったり、診察を拒んだり、治療をしなかった。このため病状が重くなったり、傷や怪我が治らなくなったり、死亡させるような結果を生ぜしめた」

訴因は八ヵ条にも及んでいた。続く被告人による罪状認否の場で、平手は臆することなく

「無罪」を主張した。

次に、検察官による冒頭陳述が行われたが、多岐にわたったその論点の中で核となったのは、訴因にもあったようにレイモンド・サットルの死に関する部分であった。

（サットル……）

平手は収容所内で出会ったその捕虜にまつわる記憶を、ゆっくりと回想していた。

そして、言い知れぬ苦々しい思いに苛《さいな》まれたのである。

§

函館俘虜収容所第一分所の捕虜は、南方の戦線から移送されて来た兵士がほとんどで、輸送船内の環境が劣悪だったこともあり、健康面での問題を訴える者が入所時から続出した。さらに、暖かい南方から寒さの厳しい北海道へと一挙に送られたため、急激な気温の変化が捕虜たちの体調をより悪化させた。もとより、傷病兵も多く含まれていた。

イギリスの一等兵であったレイモンド・サットルは、そんな捕虜の中でも頻繁に問題を起こす「トラブル・メーカー」だった。シンガポールで捕虜となったサットルは、昭和一八年六月に収容所に移送されて来た。この時、サットルはまだ二二歳の青年である。

そんなサットルだったが、彼には盗癖があり、収容所生活の中でもたびたび盗難事件を起こし、二度ほど軽営倉《けいえいそう》入りが命じられていた。しかし、その都度、頭痛や腹痛を訴えて、衛生保健室へと移るのであった。

同年一二月一二日には、食糧の運搬作業中に倉庫の中に忍び込み、米や大麦を盗んで営舎に持ち帰った。さらに二日後の一四日にも同様の振る舞いを犯し、同日、これが発覚。この事態を受けて、平手はサットルを一〇日間の重営倉《じゅうえいそう》入りに処する決定を下した。

重営倉は六畳間くらいの広さで、床は板張りである。

重営倉に関する運用については、陸軍懲罰令がその法的根拠となる。その第九条を要約すると「日数を一日以上三〇日以内とする」「寝具を貸与しない」「飯、湯及び塩のみを支給」「ただし三日の内、一日は寝具を貸与し、通常の糧食を給する」といった内容である。平手はこの法律に則ってサットルに対応したが、寝具に関しては酷寒の気温を考慮し、毛布を三、四枚ほど特別に貸与することにした。

その後、平手が再びサットルの姿を見たのは、重営倉での監禁生活が始まって五日ほど経った頃である。営倉の様子を窺いに来た平手は、扉に付いている小窓からサットルのいる独房の中を覗いた。すると、サットルが壁に凭《もた》れかかり、足の上に毛布か外套《がいとう》を掛けている姿が見えた。平手は特に話しかけることもなく、その場を立ち去った。

その数日後、サットルが体調の不良を訴え出た。サットルは医師の診断を看守に求めたが、それを伝え聞いた平手は、これまでの経緯を踏まえ、許可を出さなかった。仮病常習者の手口と判断したのである。

その翌日、サットルから再度の申し出があった。平手はここで診療の許可を与えた。サットルは病院に連れて行かれ、軍医が診断した。サットルは急性の肺炎を起こしており、そのまま入院となった。

衛生下士官が平手のもとを訪れ、

「サットルの容態が危険」

と伝えたのは、サットルが病院に運ばれた日の翌日か翌々日であった。平手は病院に赴き、サットルの病室で彼の容態を確認した。

それから、サットルは不幸にもそのまま死亡した。軍医が記した彼の死亡証明書の死亡区分は「自然死」、病名は「クルップ性肺炎」となっている。

その後、収容所内の礼拝所で軍葬が行われ、平手もこれに参加した。サットルの遺体は荼毘《だび》に付され、遺灰は礼拝所の小部屋に丁重に安置された。

§

平手は検察側の陳述に耳を傾けながら、収容所内でかつて起こったそんな顚末《てんまつ》を追想していた。

（あれが虐待に当たるのだろうか？）

平手は名状し難い痛切な深憂に襲われた。そして、この裁判が思いもよらぬ過酷な展開になる可能性を認め、震撼《しんかん》するのであった。

田村重見の証言

翌一五日の第二回公判では、検察側が提出した証拠に関する調べが行われ、続く一六日の第三回公判では検察側の証人が陳述し、審理が行われた。

平手の竹馬の友である田村重見は、弁護側の証人として出廷することになり、その陳述内容についての弁護士との予備的な話し合いのため、裁判所を頻繁に訪れていた。そんなある日、田村は証人控え室において、ＭＰ（米国陸軍憲兵隊）に伴われた平手と偶然に対面することができた。田村は持っていた「おにぎり」を平手に渡そうとしたが、ＭＰに遮られて果たせなかった。向かい合って話をするとＭＰに止められるため、二人は互いに反対方向の壁を向きながら、声を潜めて会話を始めた。平手が言う。

「田村君のことは、高橋弁護士から聞いていた。七、八年ぶりなのに、こんな姿で会うのは残念だ」

「新聞を見て驚いた。本当に気の毒に思う。だが、そう気落ちしないで頑張ってほしい」

「精一杯やった自分に落ち度はないと思うのだが」

田村は必死に平手を励ました。平手は何度も、

「心配をかけて本当にすまない」

と口にしたという。

§

田村が実際に証言台に立ったのは、一八日に行われた第五回公判である。

入廷し、宣誓を終えた田村に、弁護人が主尋問を始める。

「被告人を指してみてくださいませんか？」

田村は証言台から振り返り、被告席に座している畏友《いゆう》を指差した。二人の視線が交わり合い、田村は思わず笑みを浮かべ、平手もそれに相槌《あいづち》を打つようにして口元をわずかに緩めた。

田村は平手が虐待事件を起こすような人物ではないということを訴えるため、懸命になって答弁した。

「平手大尉は両親にとてもよく尽くし、その孝行は人の知るところで、小学校を卒業する時、市長から表彰されました。平手大尉はいつも学級の中心でしたし、中学校時代は野球部の主将として東北海道大会に勝利し、その指導力は賞賛されていました」

「また、上級生として、学校で下級生をいじめる風潮を全廃しました。平手大尉が捕虜収容所の所長になった時、私は手紙を貰いましたが、その中で彼は自分の収容所を一九〇四〜五年の日露戦争の折に模範とされた収容所のように立派で、公正な快適なものにするよう最善を尽くしていると書いていました」

田村への尋問は短い時間で終了した。そして、田村は自分の証言が充分ではないことを自覚し、苦衷《くちゅう》と焦燥に深く悩んだのである。収容所との直接の関連性を有していない田村には、被告の人格についての証言しか行うことができない。

それが田村にはもどかしかった。

収容所の真実

一九日の第六回公判からは、被告人である平手本人がいよいよ証言台に立った。

二一日の第七回公判では、サットルの死亡診断書を書いた軍医が、弁護側の証人として出廷した。

軍医は検屍《けんし》の結果を細やかに説明し、サットルの身体には出血や外傷もなく、彼の死が暴力によって齎《もたら》されたものではない点をまず主張した。加えて、サットルが栄養失調気味であったのは事実だが、だからと言って飢えが死亡の主要因ではなく、あくまでも病気による自然死であったという所見を述べた。

二三日の第九回公判では、平手に対する弁護人の尋問が以下のように行われた。

弁護人「あなたは営倉に入れる前にサットルを見ましたか？」

平　手「はい」

弁護人「どこで見ましたか？」

平　手「事務所、私の部屋です」

弁護人「彼の身体つきはどんなであったか、法廷で証言してくださいませんか？」

平　手「彼がだらしない身なりをしているので注意を与えたのを記憶しています。彼はボタンを外していたり、まあ、そんな感じでした。だから、注意を与えました。しかし、彼の健康や身体の調子については、特に何か気付いたことはありませんでした」

弁護人「この時、サットルは健康状態が優れないなどと言ったりしましたか？」

平　手「聞いていません」

この裁判を通じて、検察側はサットルの件の他に、別の数名の捕虜が死亡した事例についても追及していた。確かにサットル以外にも収容所生活中に死亡した捕虜はいた。だが、それは逼迫《ひっぱく》する食糧事情や、蔓延《まんえん》する疾病、さらには薬品の不足といった理由に起因するものであった。こうした収容所内での捕虜の死亡事例に関しては、一方の連合国側の施設内でも多くの日本人が犠牲となっている。このような事例は、忌《い》むべきこととは言え、洋の東西を問わず、戦時の習いであったとしか言いようがない。

にもかかわらず、連合国側の元捕虜たちの一方的な証言により、平手の立場は「虐待死を招いた指揮官」として、苦しいものへと追い込まれていった。元捕虜たちが収容所で経験した様々な不満は、所長である平手という一点に対して集約されるかたちとなってしまったのである。

ただ、看守の一部が捕虜に対して暴力を振るった事実があったことは、弁護側も認めざるを得ないところであった。軍隊内において日本人同士の間でも私的制裁が蔓延していた戦時下の話である。敵方の捕虜に対する行為の中に、時に行き過ぎた部分があったこと自体は否定できなかった。しかし、だからと言って、それらの暴行が死亡事件にまで発展したような事例を立証する証拠は存在しなかった。

食糧事情の劣悪さは、元捕虜たちが繰り返し主張した点であったが、日本側でさえも食糧難に喘《あえ》いでいた時代だった。また、捕虜に給する食糧の量は、そもそも収容所本部の決定事案であり、平手はその決定権を有していない。

しかし、検察側は平手が不当に捕虜を飢えさせたという論理を譲らなかった。検察側は、サットルが重営倉で「三日に一度しか充分な食事を与えられなかった」ことを殊に問題視したが、平手は自らが遵守《じゅんしゅ》すべき義務のある陸軍懲罰令の内容に則っただけである。

昭和二〇年六月には、同収容所は室蘭から芦別《あしべつ》へと移転しているが、その後の平手の捕虜に対する姿勢にも、彼の精神の基柱が色濃く表れている。捕虜たちは収容所近くの三井鉱山株式会社芦別鉱業所での労働に従事したが、二〇名で一班とされた彼らは、主に土木工事などの肉体労働に回された。しかし、平手の強い意向により、危険な坑内作業は一切させなかった。

また、捕虜たちがパン食を希望したため、パン焼き釜を作ることをも認めた。鉱山関係者の間には、捕虜へのこのような「お客さん扱い」に対して不満を抱く者さえいたが、平手は自らの信念を貫き通した。国際法に照らし合わせながら捕虜を的確に扱うことは、彼にとっては至極、当然の態度であった。だが、このような事実は、裁判において全く考慮の対象とならなかった。

元捕虜たちが提出した宣誓口供書の中には、平手を弁護するような内容のものも存在した。マックスウェル・M・アンドラー軍医大尉は、平手を称してこう表現している。

「平手は相当、教育程度が高いようでした。捕虜の取扱いについては、函館の収容所本部にいる上司の命令に大きく依存しているように見えました」

だが、この口供書の内容は検察側に無視された。検察側の強硬な姿勢は、この裁判の不備と屈折を残酷に示すものであった。この裁判の本質とは、戦勝国であるアメリカが主導した「報復裁判」である。公正な裁きが為されるのか否か。判決の日が徐々に近づいている。

判決

一月二四日、裁判はすでに最終段階へと入っている。この日の第一〇回公判では、検察側の反対尋問の後、裁判官による被告への尋問が行われた。結果的に言えば、この時のやりとりが後の判決に決定的な影響を及ぼすことになる。裁判官はサットルの死亡に関して、平手にこう質問した。

裁判官「サットルは独房から病院に、どのようにして行ったのですか？」

平　手「看守がサットルの頼みを知らせに来たので、私は衛生当番兵を病院から呼んで、サットルを病院に連れて行くように命じました」

裁判官「当番兵たちは、どのように命令を実行しましたか？」

平　手「見ていませんでしたから分かりません」

裁判官「それではサットルが歩いたのか、運ばれたのか知らないのですね？」

平　手「見ませんでした」

裁判官「そして入院して一～二日後にサットルは死亡したのですね？」

平　手「はい」

裁判官「さて、この病人の捕虜が治療を懇願したのを黙殺した事実を見ると、サットルがついには死亡したことに、あなたは幾許《いくばく》かの責任があると思いませんか？」

平　手「これは私の過ちの一つだと思います」

平手のこの最後の証言を聞いた検察側は、満足したような表情を浮かべ、この後の審議における再反対尋問を一切、行わなかった。平手の「これは私の過ちの一つだと思います（I think that is one of my mistakes.）」という言葉は、法廷において致命的なものであった。平手の表現は、日本人としては矛盾のない言い回しである。しかし、高度な戦術が求められる西洋式法廷の場において、この発言は「平手は自らの罪を認めた」と受け止められた。

この後、裁判官からの補足的な尋問、弁護人による再主尋問があり、これをもって平手に関する裁判のすべての審理が終了した。

§

——裁判最終日。

昭和二一年一月二五日、この第一一回公判を最後に、平手裁判は閉廷する。

まず、検察側の論告が始まった。検察側は「平手の有罪は明白」として「絞首刑」を求刑した。検察側は平手について、こう述べた。

「本件に見られる責苦と悲惨と死亡を招来したこの男こそ、アメリカ合衆国政府が正義を維持し、懲罰を加えることを約束した範疇《はんちゅう》に当てはまる存在です。その範疇とは、階級とか用務のいかんに関わりなく残虐行為を行った者ということです」

「正義」という言葉は、世上において最も片務性を帯びた表現の一つである。万事《ばんじ》の機微を容易《たやす》く破るこの便利な言葉には、毒蛇《どくじゃ》のごとき不気味な魔性が宿る。

続いて弁護側の最終弁論が行われた。弁護側は「サットルの死について虐待死とは認められない」「被告人のすべての行為は完全に適法であり、如何なる規則をも犯していない」として「公正な判決」を求めた。

一五時半、トレッチャー裁判長による判決の宣告が始まった。

「本軍事裁判所は被告人に絞首刑を宣告します」

満廷起立の中、平手は法廷の中央に立って、この言い渡しを聞いた。親友である田村重見は、傍聴席の最前列にいたが、宣告の瞬間、平手の顔から血の気が引いていく様子をつぶさに認めた。平手は茫然《ぼうぜん》と佇立《ちょりつ》しているようだった。田村は思わず、

「そんな馬鹿なことがあるか！」

と絶叫した。

閉廷を告げたトレッチャー裁判長が顎《あご》をしゃくるような仕種をし、二人のMPが平手の両脇を抱えて彼を法廷から連れ出した。扉から出される際、平手は両頰に微かな笑みを浮かべながら、法廷に向かって一礼したという。この時が、田村の瞳に平手が映った最後の場面となった。

濁水が逆巻くがごとき法廷は、こうして閉じられた。わずか一二日間、たった一一回の公判により、平手の生涯における縦横の糸は、その一切が断ち切られた。

判決が下された日の内に、平手は横浜から巣鴨へと身柄を移された。

遺骨なき墓地

判決後、弁護人たちは、

「この判決はひどすぎます」

と肩を落とした。田村は堪え難き虚無に呻吟《しんぎん》しながらも、すぐに助命嘆願の署名運動を開始した。

田村の運動に対し、学生時代の友人たちはすぐに反応した。野球部時代のチームメートは、メガホンを片手に街角に立ち、声を嗄《か》らして通行人に署名を呼びかけた。

そして、平手は河野たみ子との婚約の解消を、巣鴨の拘置所内から申し出た。

死刑囚房での寂寞《せきばく》たる生活へと入った平手だが、そこで彼の心の慰めとなったのが歌を詠むことであった。彼はこの期間に、獄中で多くの和歌を遺している。

茶の入れる　大き器に　わが顔を
　水鏡して　しばしみつめぬ

永らへぬ　命と思へば　つつしみて
　心のさとに　帰らむとす

彼の「心のさと」とは、何処《いずこ》であったのだろう。

妹の久子さんは、巣鴨に最後の面会に行った日のことを寂然《じゃくねん》とこう語る。

「五月末か六月の初め頃だったと思います。兄はすでにどこか淡々としていました。裁判の判決についての不満などは、一言も口にしませんでした」

平手の獄中日記を確認すると、五月三一日の記述に、

〈久子と面会、会えばやはり嬉しかった〉

とあり、筆はさらに以下のように続く。

〈心構をしていた故か実に無心にて話すことが出来た〉

久子さんが感じた「すでにどこか淡々としていた」という印象の背後には、そこに至るまでの苦渋の「心構」があったのだ。妹に余計な心配をかけまいとする兄の配慮である。

だが、相手を慮《おもんぱか》るための悲嘆の秘匿は、実は妹も同じであった。面会の時には涙を堪えていた久子さんだったが、帰りの電車に乗った途端、溢れるものをどうしても止めることができなくなった。

流涕《りゅうてい》の彼女は、無念の思いのあまり、身を動かすことができなくなり、そのまま山手線を二周した。

§

田村の助命嘆願運動も、実を結ぶことはなかった。刑の執行は八月二三日と決した。

未来を遮断される瞬間が、摺《す》り足のように近づいてくる。刑が執行される前日、教誨師《きょうかいし》の花山信勝《はなやましんしょう》は死刑囚房を訪れ、平手の髪と爪を切った。花山の遺した記録に拠《よ》れば、「へいぜいは、あまり笑わなかった人だが、執行の前日、独房を訪ねたときは実によく笑った」という。

二三日の早朝、刑の執行の直前、平手は花山に、
「北海道のほうは、どこでしょう」
と尋ね、故郷があると思われる方角を向いて、丁寧に別れの挨拶をした。
絞首刑が執行されたのは、午前五時頃のことである。

§

平手の墓は故郷である北見市の高台寺《こうだいじ》に建つ。墓の下には、平手の遺髪と爪が納められている。刑の執行後、花山が平手の実家を訪れて遺族に手渡したものである。しかし、遺骨は一片たりともGHQから戻らなかった。

高台寺は元々、平手家の菩提寺であったが、境内《けいだい》には一族の墓碑の他に、平成九年に新たに建てられた慰霊塔がある。碑の前面には「平手嘉一君遺芳之碑」とある。野付牛中学で平手の後輩に当たる方々が、主な発起人となって建立《こんりゅう》したものである。

慰霊塔には発起人の一人として、田村重見の名前もある。朋友の汚名を晴らすために心魂を傾けた彼も、今ではすでに故人となっている。

樹齢一〇〇年を超えようかという唐松の細い枝が、北国の玄妙な寒風に対して、しなやかに

身を任せつつ、何かの残像であるかのようにして、あるいは誰かを庇《かば》うようにして、小刻みに揺れている。自然界の呼吸には、隠密《おんみつ》なる不動の韻律があるようにも映る。

人間とは自然の一部なのだろうか。それとも、最も対極にあるものなのか。

「そんな馬鹿なことがあるか！」

法廷で発した田村の叫びが、今も聞こえてくるようである。

慰霊塔の台座には、平手の遺した辞世の句が刻まれている。

雷に　おくられてゆく　旅路かな

平手にはそれが、冥界からの響きに感じられたのかもしれない。刑の執行を控えた最後の夜、巣鴨を含む東京の街は、激しい雷雨に打たれたという。

彼は何処へ「おくられて」行ったのだろう。蒼白き稲光《いなびかり》が烈々と閃《ひらめ》くたび、薄闇から浮かび上がる彼の瞳孔が見据えていたのは、北の大地の「心のさと」であったに違いない。

第六章

知られざる特攻兵器「震洋」が描いた航跡

――とある元搭乗員の追懐

水上「体当たり」兵器の誕生

日本海軍が産み落とした然《さ》る特攻兵器について、潮騒《しおさい》の彼方から届く呟《つぶや》きのような物語を、一つの記録として遺したいと思っている。

その人間兵器の名を「震洋《しんよう》」という。

膨大な蓄積を誇る世界史を繙《ひもと》いてみても、このような兵法を組織的に採用した例は、他に存在しない。

戦時中、六〇〇〇隻以上も建造されたというこの特殊兵器は、ベニヤ製の小型モーターボートの先端部に炸薬《さくやく》を搭載し、搭乗員もろとも敵艦に突撃することを目的として開発された。悪化の一途を辿《たど》る戦況を挽回するため、海軍上層部が考案した究極の一手であった。

零戦による「空の特攻」に比して、「海の特攻」については概して知られていない部分が少なくないが、そんな中でも震洋の存在は、人間魚雷「回天」よりも謎が多く、靄《もや》に包まれたままの状態となっている。

かつて、この特攻兵器に実際に搭乗していたという一人の老人とお会いすることができた。村上孝道さんは、静岡県静岡市に建つ瑞雲寺《ずいうんじ》の前住職である。

「随分と昔の話ですがね」

そう言って村上さんは洒脱《しゃだつ》に苦笑する。村上さんの案内で本堂へと通されたが、その片隅には全長三メートルほどの木製の模型が置かれていた。

それは「震洋」ではなく「零戦」の模型であった。濃緑《こみどり》に塗られた機体に、紅色の日の丸が映えている。聞けば、村上さんが自らの手で作製したものだという。

何故、「震洋」の搭乗員だった村上さんの造ったものが「零戦」なのか。

今回の旅とは、その疑問の小径《こみち》を伝う行為でもある。

§

村上孝道さんは、大正一五年九月一一日、愛知県名古屋市に生まれた。「村上孝道」という名は戦後に出家してからのもので、元々の姓名は永坂孝という（本稿では村上姓で統一）。

村上さんは六人兄弟の末っ子だった。家は祖父の代から続く医者の家系である。

地元の東海中学（旧制）に進んだ村上さんの当時の夢は「飛行機の操縦士」だった。

「父方の叔父が海軍で飛行機に乗っていましてね。名古屋市から近い新舞子《しんまいこ》という場所で、水上飛行機の操縦などをしていたんです。私はよくそこに遊びに行っていました」

戦局が拡大する中、兄たちは次々と出征した。戦地からは時々、手紙が届いた。医者という職業柄もあったのだろうか、非常に几帳面だった父は、手にした手紙を一読すると、誤字や脱字を細かく添削して直すのだった。

「そういう性格の父だったんですよ」

村上さんはそう言って相好を崩す。間違いは放置せず、正確に直す。厳格さの中に濃縮された情が潜む、戦前の父親の凜《りん》とした横顔が感じられる。真の父性とは、細部にひっそりと宿る。

その後も空への憧れを募らせた村上さんは、中学卒業前に予科練（海軍飛行予科練習生）を志願。試験に合格し、三重海軍航空隊奈良分遣隊に配属された。甲飛の第一三期生である。

海軍は航空機の搭乗員を大量に育成するため、甲飛第一三期より大幅に定員を拡大。その数は前後期を合わせると二万人を超えた。そのため従来の施設では定員を収容し切れず、解消策として新たに設置されたのが三重海軍航空隊奈良分遣隊である。奈良県山辺郡にあった天理教の宿舎が接収された。

村上さんは体力には自信があったが、朝から晩までの猛訓練には、さすがに疲弊した。飛行訓練は行われず、座学の他は体力づくりを目的とした課程が大半を占めた。

「すでに飛行機も燃料も不足していました。新入りの私たちが乗る機体は、底をついていたのです」

「バッター」と呼ばれる木の棒で臀部《でんぶ》を叩かれることもあったが、村上さんの所属部隊では上官の意向により、頻度は多くなかったという。

「バッターもやり過ぎは駄目ですよ。しかし、あれをやられると精神が『ピリッ』として良い面もありました。お寺で座禅中に肩をピシャリとやるでしょう？　元はあれと同じだと思います」

娑婆《しゃば》から離れ、黙々と心胆を練る日々であった。

新兵器との出逢い

昭和一九年一〇月、村上さんを含む隊員たちは「集合」の号令の下、講堂に集められた。将校の一人が、やにわに言う。

「新兵器ができた。志願する者はないか」

「生還は期し難い」とも言われたが、具体的にどのような兵器かという説明は一切なかった。時はドイツでロケット関連の技術が進化していた頃であり、村上さんは「ロケットを使った飛行機」のようなものを想像したという。

長男や一人っ子が志願の対象から除外されているのを見ても、通常の軍務ではないということは容易に予期できたが、村上さんは願書を提出した。対象者は全員、志願したようだった。

「戦況が非常に悪いということは上官からも聞いていましたし、正直に言えば、私も日本が勝てるとは思っていませんでした。しかし、少しでも戦況を挽回し、条件の良い講和ができるようにと考えていました。そのために、その新兵器で戦おうと」

村上さんはそう言って、思い出の糸を手繰り寄せる。

「とにかく、家族を護りたいという一心でしたね」

志願した者たちは、汽車で移動することになった。行き先も告げられず、客車の窓には固く鎧戸《よろいど》が下ろされていた。

夕方に奈良を発った列車が、丸一日かけて着いた場所は、長崎県の川棚町《かわたなちょう》だった。大村湾に面した小串郷《おぐしごう》駅から平屋の兵舎まで歩き、その日はそのまま夜を迎えた。この地には元々、海軍工廠《こうしょう》の支廠があったが、その施設を拡大するかたちで臨時の魚雷艇訓練所が新たに設けられていた。完成したのは、村上さんたちが入所する二ヵ月前に当たる昭和一九年八月である。

あくる朝、新入りの隊員たちは、兵舎近くの入り江に架かる桟橋に、小さな木製ボートが何艘も繋留《けいりゅう》されている光景を目の当たりにした。

(何じゃこのボートは？　まさかこれに乗るんじゃないだろうな)

村上さんは初め「何かの訓練に使うのか」と思ったという。しかし、上官からの説明により、これが実戦に投入する予定の新兵器だと知るに及んだ。隊員たちの間に、不服を伴った当惑が走った。

村上さんもそうだが、予科練を志願した者たちは皆、大空に憧れた若者である。そんな彼らが目の前のベニヤボートを見て感じた失望は大きかった。

「こんなもん乗れるか」

村上さんは思わず、海軍に入ってから初めてとなる愚痴をこぼした。だが、上官は言う。

「今の日本には、こんなものしかないんだ」

上官も、部下たちの気持ちを充分に汲み取っているような、忸怩《じくじ》たる様子であった。

§

昭和一九年四月から「特攻艇」として設計が着手された震洋は、五月二七日の海軍記念日には早くも試作艇が完成。八月末には新兵器として正式に採用され、名前も「震洋」と決まった。秘匿呼称は「マルヨン」である。

その後、生産費が安価で、工期も短くて済む震洋は、戦況が悪化する中で量産態勢に入った。ただし、震洋の存在は極秘に扱われ、海軍内でも知らない者が大半であった。ちなみに、陸軍も震洋に似た特攻艇「四式肉薄攻撃艇」を開発しており、こちらの秘匿呼称は「連絡艇」、通称「マルレ」である。

村上さんは結局、蒼天を一度も飛翔することなく、不如意《ふにょい》にも特攻艇の搭乗員へと回されたのであった。

水上特攻兵器である震洋は、全長五・一メートルの一人乗りである（後に二人乗りも開発）。耐水性の高い特殊なベニヤで造られた船体には、二五〇キロ爆弾が入った半円形の缶を艦首に装塡《そうてん》することができる。エンジンはトヨタ製で、既存のトラック用のものが転用されていた。

ベニヤ板の厚さは、わずか約七ミリ。

喫水線の上は深い緑、下は赤色のペンキで塗装されていたが、震洋はその外観から「青蛙《あおがえる》」とも称された。

予科練の宣伝のため、西條八十《さいじょうやそ》が作詞した軍歌が「若鷲《わかわし》の歌」である。大空を舞う「若鷲」に焦がれた若者たちは、その意に反して「青蛙」の背に、しがみ付くようにして乗ることとなった。命を預けることになったこの相手のことを、青蛙どころか「棺桶《かんおけ》」と揶揄《やゆ》する者たちもいた。

人里離れたこの地での一日は、早朝の五時半から始まる。航海術や機械学といった座学の他、実際に大村湾に出ての基礎的な操舵訓練もすぐに開始された。無論、訓練の際には爆薬は装塡されていない。敵に見立てた船に突進し、寸前で急反転する。操縦の感覚を身体に叩き込むため、訓練は夕食の後にも行われ、遅い日には深夜の二時頃まで継続された。これは、敵泊地への夜間の襲撃を主に想定していたことにも因《よ》る。

特攻については、敵船に肉薄したら舵輪《だりん》（ハンドル）を専用の器具で固定した上で、海に飛び込むよう指示された。

「しかし、それはあくまでも訓練中の建前です。実戦になったら一緒に『突っ込め』ということでしたし、それは私たちも充分に理解していました」

訓練中に死者も出た。潮の満ち引きの影響で、昨日は通れた場所が今日には暗礁になっている場合がある。高速のまま暗礁に激突した者は、実戦に出ることさえなく、無念にもそのまま息絶えたのだった。

§

村上さんが川棚の基地で訓練に明け暮れている間、先発隊は早くも実戦に投入され始めていた。

昭和一九年の秋には、第七〜一五の震洋隊が順次、フィリピンに進出。だが、輸送中の敵襲により、多くの隊員が犠牲となった。中でも第一四、一五震洋隊は、アメリカの潜水艦の魚雷攻撃を受け、乗っていた輸送船が撃沈。両隊合わせて二〇〇名以上という大量の戦死者が出た。なんとかフィリピンまで辿り着いた各隊は、米軍の「マニラ奪還作戦」に対抗するため、マニラ湾の入り口に浮かぶコレヒドール島の沿岸部に集中的に配備された。

しかし、昭和二〇年一月末から始まった米軍の苛烈な攻撃により、コレヒドール島の震洋隊は出撃すらできないまま、多大な損害を蒙《こうむ》った。

迎えた二月一四日の夜、同島の第一二震洋隊に出撃命令が下る。これが誕生以来、初めてとなる震洋隊の実戦であった。

三六隻の震洋艇は果敢なる肉弾攻撃を断行し、その結果、三隻の上陸支援艇を沈没、一隻を擱座《かくざ》させるという大きな戦果を上げた。

だが、当然の帰趨《きすう》として、第一二震洋隊は隊長以下、一人の生還者もなかったのである。

廈門への進出

昭和二〇年二月、村上さんも第一一三震洋隊の一員として、中国南部の廈門《アモイ》へと派遣されることになった。当初はフィリピンや沖縄方面といった最前線への配属も検討されていたが、激化する戦況の中、当地までの移動は困難と判断されたため、廈門に変更となったのだった。

川棚の地を発つ前、村上さんは下宿先の老婆に、

「あなた、遺書を書きなさい。お父さんのところに送ってあげるから」

と促された。

村上さんは軍に入って以来、両親とは一度も会っていなかった。

「今更、未練になるから」

と面会も断っていたのである。そんな父母に対し、村上さんは出生以来の感謝の気持ちと別れの言葉を、心を込めて綴った。

二月二四日、貨物船「正島丸」に乗船して門司港を出航。台湾の高雄を経由して、廈門の港を目指した。移動中も敵機から空襲を受けたり、潜水艦に追尾されたりと危険の連続だった。

戦闘機からの機銃掃射により、戦死者も出た。

中国の沿岸部には、多くの船が座礁していた。

「俺たちもこうなるのか」

村上さんは戦友たちとそう呟き合ったが、後に聞いたところに拠《よ》ると、それらの船は日本側が敵の艦船の航行を妨害するために故意に沈めたものであるという話だった。

三月上旬、廈門港に入港。休む間もなく実戦配備となり、慌ただしい毎日へ突入した。震洋の発着基地は未だ完成しておらず、昼間は設営作業を手伝った。横穴を掘って掩体壕《えんたいごう》を造り、

そこに震洋を隠した。

訓練は夜間に行われた。台湾海峡を米軍が北上して来ることを想定しての準備である。米軍の本土上陸を防ぐための言わば「動く砦《とりで》」だった。

村上さんは、五型と呼ばれる二人乗りの震洋艇の搭乗員となった。五型は、一人乗りの一型と比べてエンジンが強化された他、機銃とロケット式散弾（ロサ弾）を基本的に備え、船体も一回り大きくなっていた。これらの改良は、敵艦から発せられる攻撃に対しての応戦を可能にするためのものである。一人が操縦に専念し、もう一人が交戦を担当する。

従来の一型は、敵艦船からの掃射により、接近することすらできずに破壊される事例が目立っていた。そこで、少しでも交戦できるようにと、前述の改良が施される運びとなったのである。

廈門でも激しい空襲に晒《さら》された。敵機は低空で一気に迫って来る。宿舎から、命からがら防空壕に逃げ込んだ日もあった。

そんな日々の間も、沖縄戦に投入された震洋隊は苦戦を続けていた。空襲による被害や、エンジントラブルといった艇の故障、さらには敵艦船の捕捉の失敗などが重なり、特攻を敢行するところまでも至らない局面が相次いだ。さしたる戦果を震洋隊が上げられない中で、戦艦「大和」も海上特攻を敢行したが、沖縄は虚しく陥落した。

八月、アメリカは日本に対して二発の原子爆弾を投下。日本が震洋の開発と配備に勤《いそ》しんでいた頃、アメリカは最優先の国家戦略として原子爆弾の製造を着々と進捗させていたのである。

同月一一日、村上さんたち第一一三震洋隊にも、いよいよ以《もっ》て出撃の時が迫る。上官からは「身の回りの整理をせよ」との指示が出された。下着をきれいに洗って干し、淡々と身支度を整えた。

「とうとう来たなという感じですね。最初からそういうつもりで来ていますから、そんなに動揺はありませんでした」

村上さんはこの時、一八歳。

震洋の安全装置が解除された。隊員たちの軍装は、震洋の搭乗員となってからも、ずっと正規の飛行服のままであったが、それは最後の出撃時まで同じだった。白いマフラーは、彼らの本懐を示す唯一の誇りであった。

「せめて飛行兵として死なせてやりたいという配慮だったのかもしれません」

かつての防人《さきもり》は、そう言って深い感傷に浸る。

しかし、攻撃の対象となるような敵の艦船を発見することはできなかった。結局、第一一三震洋隊は干戈《かんか》を交えることなく、一五日の終戦を迎えた。

「私たちは海外の通信を傍受していたので、一三日か一四日には『日本がどうやら負ける』ということは実は分かっていました」

村上さんの青蛙は、ついぞ三途《さんず》の川を渡らなかった。

玉音放送は電波が悪くてほとんど聞き取れなかったが、部隊長からは涙ながらに、

「お前たちを一人残らず、無事に祖国に帰さなくてはならない。俺の言うことを絶対に聞け。何があっても我慢しろ」

と訓示された。それでも「特攻兵は全員、殺される」という風評が立った結果、台湾へ脱出しようと震洋で蒼海《そうかい》へと出た者たちもいた。しかし、小さなベニヤボートで台湾海峡を渡れるはずもなく、彼らは果無《はかな》くも消息を絶ったのである。

§

悲劇は内地の高知県でも起きていた。

戦争末期、震洋隊は米軍の本土上陸に備えるため、内地の太平洋沿岸部にも幅広く配備されていたが、高知県香美郡夜須町《かみぐんやすちょう》の住吉海岸に駐屯していた第一二八震洋隊は、終戦の翌日である一六日にも出撃の構えを崩していなかった。「終戦後も敵の艦隊が攻撃してきた場合は、断乎として自衛戦を戦う」として臨戦態勢を整えていたのである。

午後六時頃、「敵艦を確認」との情報を受け、早速、二五隻の震洋艇が出撃準備を始めた。

エンジンの最終調整をし、燃料を訓練中に用いるアルコール燃料から、実戦用の航空燃料へと入れ替える。

その時、一つの艇から忽然《こつぜん》と焔《ほのお》が上がった。航空燃料のガソリンに引火したらしく、時を置かずして数名の整備員が火達磨《ひだるま》となった。だが、迅速な消火活動が行われた結果、被害はそれ以上に拡大することなく、なんとか鎮火に成功した。その後、誘爆が危惧《きぐ》されたことから、一旦「総員退避」の命令が出たが、一五分ほど経っても何事もなかったため、隊員たちは再び元の配置へと戻った。

ところが、先ほど火災を起こした艇を海に沈めようとしていた矢先、今度は同艇の舳先《へさき》の炸薬が勃然と大爆発を起こした。どこかに種火が残っていたのであろうか。

激しい焔は周囲の他艇にも連鎖し、次々と誘爆を引き起こした。巨大な火柱が上がり、大地が揺れ、空は見る見るうちに不気味な黒煙に覆われた。ドラム缶が宙を舞う。辺りは隊員たちの怒号と叫喚に包まれた。

翌朝、夏の透明な朝日が差し込むと、浜辺の惨状が改めて明らかとなった。遺体の欠片《かけら》は数百メートルにもわたって散乱し、防風林の松並木の枝には、腕や脚や捻れた腸などが引っ掛かっていた。木炭のように黒く焼け焦げた肉片が、其処此処《そここここ》に転がっている。肉がぶすぶすと焼ける異臭の中で、鳥たちが亡骸をせかせかと突《つつ》いていた。海面に多様なものが浮いている。一一一名もの若き命が吹き飛ばされた結果であった。

震洋が有していた強大な破壊力は、かくして証明されたのである。

さらに悲壮なことに、「敵艦を確認」という当初の情報も、後に誤報であったことが判明した。

あわれ、すべては終戦後の話である。

泥濘《でいねい》のごとき不条理の裾野を往《ゆ》く人間の綾《あや》とは、底知れぬ憂愁でしか語ることができない。

その憂愁とは、鉛色《なまりいろ》の渾沌《こんとん》に根ざしている。

帰国寸前の死

敗戦から程無くして、廈門の第一一三震洋隊は武装解除に応じることになった。予め船体から取り外しておいた爆薬や機銃は、主に海中に投棄した。丸裸となった震洋を引き渡したが、その後にそれらがどのように処理されたかは不明だという。

その後も、第一一三震洋隊の隊員たちは廈門の街で待機していたが、そのうちに「復員」という言葉が行き交うようになった。村上さんは初め、その言葉の意味が分からなかったという。

内地に帰れるという事態を受容することは、俄《にわか》には困難であった。

それまでの日々において思弁していたのは「死に方」のみであった。如何《いか》にして自らの人生に幕を引き、どう死地に飛び込むか。そのことだけを繰り返し思惟《しい》し、自己規定と葛藤を繰り返してきた。しかし、これからは「生き方」を考えなくてはならない。それは全く想定していない事態だっただけに、村上さんは深い戸惑いを隠せなかった。

だが、帰国の夢を寸前で叶えられなかった戦友もいた。肺結核で入院していた朋友の一人は、昭和二〇年の年末に病床で帰らぬ人となった。二人乗りの震洋艇で「ペア」を組んだこともある相手であった。三重海軍航空隊奈良分遣隊の頃からずっと苦楽を共にしてきた親友だった。

昭和二一年二月、廈門から船で九州へ渡ることになったが、村上さんは病院で逝ったその友の遺骨と共に乗船した。

さらに、船中でも一人の戦友が息を引き取った。腸結核を患っていた彼は、乗船して間もなく危篤状態に陥り、仲間に看取られながら亡くなったという。

「内地に戻れるということで、安心したところがあったのでしょうね」

遺体は沖縄近くの海域で水葬に付した。

無事に鹿児島に着いた村上さんは、列車を乗り継いで故郷の名古屋へと向かった。途中、広島の街が消えていることに慄然となった。広島出身の復員者の一人が、

「俺の家がない」

と茫然《ぼうぜん》とし、唇を噛んだ。それを聞いた別の戦友が、

「俺の実家は農家だから、これをやる」

と持っていた米を、その彼に渡した。

名古屋も大規模な空襲に遭っていたが、村上さんの家族は無事だった。甥っ子が、

「おじちゃんが帰ってきたよ」

と声を上げて喜んでくれたことを、今でもよく覚えている。

そこに零戦がある理由

震洋の故地である長崎県東彼杵《ひがしそのぎ》郡川棚町を訪ねた。

かつて震洋艇が繋留されていた辺りの海は、小串浦《おぐしうら》と呼ばれる。巧緻《こうち》な内海である大村湾の中に位置するだけでなく、さらに大崎半島と権現崎という二つの岬に挟まれた小串浦の海面は、その閉鎖性の影響で驚くほど穏やかである。波は漣《さざなみ》ほどで、潮の香はあっても湖畔のような妙趣を湛《たた》える。

この平らな水面は、震洋艇の初歩的な訓練地としては最適だったであろう。穏やかな海に加え、佐世保海軍工廠の近隣であったことも、この地が訓練の場所に選ばれた理由であったと思われる。訓練中の震洋艇は、大村湾から外海《そとうみ》に出て実習を行うこともあったが、ベニヤ製のモーター

ボートは設計時の想定以上に風浪に弱く、実戦配備された後も、荒れる海が悩みの種となった。

現在、この地には「特攻殉国の碑」と呼ばれる石碑が建っている。完成したのは昭和四二年五月で、元隊員や有志の方々の呼びかけによって造られた。石は震洋隊が激戦を経験したコレヒドール島と沖縄から運ばれたものが使用されている。

石碑の四方の壁面は、夥《おびただ》しい数の姓名で埋め尽くされている。亡くなった隊員たちの名を刻銘したものである。

戦時中にあった兵舎はもちろん、桟橋なども今は存在しない。静かな入り江には波音すら薄く、時折、遠くで水鳥の啼《な》く声が挽歌《ばんか》のように届く。

震洋のエンジン音は、ひどく喧《やかま》しかったという。もとより静寂だったこの地に、けたたましい爆音が鳴り響いていた戦乱の時代を憶《おも》う。

近くには、川棚町の象徴とも言える標高六〇八メートルの虚空蔵山《こくぞうさん》が控える。虚空蔵とは、広大な宇宙のごとき無限の智恵を持った菩薩であるとされる。山頂に祀《まつ》られる虚空蔵菩薩像は、日本海軍が発揮した歪《いびつ》な智恵の結晶とも言うべき特攻艇の咆哮《ほうこう》を、どのような面持ちで聴いていたのであろう。

川棚から車で一五分ほどの所には、主にオランダの町並みを再現した巨大テーマパーク「ハウステンボス」がある。多くの人々で賑《にぎ》わう同地だが、「特攻殉国の碑」まで足を延ばして弔いの時間を過ごす者はほとんどいない。
小串浦の向こうに幾重にも連なって見える山々の稜線が、往時と変わらずに泰然と佇《たたず》んでいることだけが、せめてもの慰めのようにも感じられる。

§

佐世保市の海上自衛隊佐世保史料館には、震洋に関連する展示品が幾つか陳列されている。艇に備え付けられていたコンパスや、油さし、風向計《ふうこうけい》など、いずれも歴史の断片を静かに今へと伝える貴重な痕跡であり、それらは宛《さなが》ら日本近代史の小さな剝製《はくせい》のようにも映る。十字架のような形状をした風向計は、予期せぬ故障などで特攻が叶わなくなった場合、船底に穴を開ける道具としても用いられたという。艇を沈没させて自決するのである。
とある特攻隊員の鉢巻も遺されている。額に当たる部分の中央には、右から「必中」の文字が記されていた。

§

復員した村上さんは、仏門へと身を投じた。

「特攻要員だったのに、生き残ってしまったという負い目が強かった。なんとか少しでも仲間たちの供養ができればという思いでした」

瑞雲寺の本堂に安置されている零戦の模型の前で、村上さんは続ける。

「私を含め、予科練に集まった戦友たちは皆、零戦に憧れて志願したのです。ですから、ここに零戦があれば、亡くなった仲間たちの御霊《みたま》が集まって来てくれるのではないか。彼らとまた逢えるのではないか。そんな思いから、この零戦を造りました」

濁りのない態度でそう話す老翁が、零戦の主翼を慈しむようにして撫《な》でる。

零戦の模型とは、蒼き時代に友と共有し、そして無慈悲にも奪われた、水晶にも似た眩《まぶ》しい大望の具現化であった。そして、それは一個の「廟《みたまや》」でもあるのだと私は思った。

無言の零戦模型が、何かを代弁している。

この場所に、震洋ではなく零戦が置かれている理由が、ようやく把握できたのだった。

遺書との再会

最後に、村上さんは一通の手紙を見せてくれた。それは戦時中、川棚から廈門に出発する前に、村上さんが両親に宛てて書いた遺書であった。

復員して間もなく、村上さんは父親からこの遺書を見せられた。自らが出した遺書と再会を果たすという特異な体験を、村上さんは味わったのである。

「今でもこれを見ると、様々なことを思い出します」

村上さんはそう言って、色褪《あ》せた封筒の中から丁重に便箋《びんせん》を取り出した。紙自体はかなり劣化しており、褐色の紅葉《もみじ》を散らしたようであるが、そこにある達筆な文字の連続が、骨に食い込むようにして当時の情感と気魄《きはく》を伝える。

〈約二十年間　御両親様へは何くれと御心配ばかりをおかけし、今日に至るも何一つ名にまで戴きし〝孝〟も果さで申訳け御座居ません。しかし今に此の御恩返しをせんと思って居ります〉

二〇歳にも満たない青年が、総身《そうしん》を震わせるようにして、次のように綴る。

〈御両親に会ひたいは山々なるも、日本男子一度家を出ば、皇国の自分なるを思ひ〉

そして、こう前を向く。

〈では元気で征きます〉

平易で質朴な一言一句の中に、心情の凝結が宿る。筆跡の隙間から、呼吸音と動悸《どうき》が届く。文面は両親だけでなく、お世話になった親類たちにも向けられる。

〈最後に〱もっと〱〝力魂〟の入った敢斗と飛行機と大増産に邁進《まいしん》して下さい。神風隊を想へば、翼の無い飛行兵の心中を想へば、一日も早く天皇陛下の御為に国民総員が当然行ふべきは〝体当り〟である〉

そこには「神風」にさえなることを許されなかった「翼の無い飛行兵」の無念の氾濫《はんらん》が編み込まれている。

「『天皇陛下』という言葉を使っていますが、これは『国家』のことです。そして『国家』とは『最愛の家族が住む場所』のこと。随分と昔の話ですし、今の人には全く理解が及ばないかもしれませんが、そういう時代だったんですよ」

確かに砂時計の砂は、とうに落ち過ぎている。光陰は多大な腐食を呼んだであろう。さりとて、同じ磯城島《しきしま》を生国《しょうごく》とする民として、どれだけ時が隔てられ、記憶が稀釈《きしゃく》されようとも、心の弦《げん》が共鳴し合える部分もあるように感じる。大村湾に面した山々の形が今も変わらぬように、私たち日本人の心の内なる稜線にも、不動の部分があると信じたい。

「しかし、ですね」

村上さんが構えることなく言い添える。

「これを父から受け取って、改めて文面を見た時、実は私は笑ってしまったんですよ」

「え？」

「今、見ても可笑しくてね」

その言葉通り、村上さんが不思議と顔を緩めながら、やや思わせぶりな調子の謎めいた表情で、遺書の一部を指差した。言い知れぬ奇異とわずかな怯《おび》えのような感覚さえ抱きながら、皺《しわ》の多い指先が指し示している辺りに目をやると、やっと私にも合点がいった。

「なるほど。これは……」

「ね、これは遺書なのに。本当、親父らしいですよ」

そこにあったのは、今は亡き父親がかつて書き入れたという添削の文字であった。

第七章 特攻にまつわる然る夫婦の相聞歌

——日本人の死生観に関する一つの記録

野戦病院での出会い

心臓の皮膜を鋭利な刃物で剝《む》かれるような、そんな瞬間が人間の生涯には存するのではないか。動かしようのない現実を目前にして己の無力を自覚した時、世のすべての窪みが墓穴に見えるがごとき一瞬、あるいは生の重荷による衰弱の果てに。

その時、心臓からは如何《いか》なる音色が発せられるであろう。

ぺりり。

抉《えぐ》られて痙攣《けいれん》を繰り返す肉塊は、そんな音を立てるかもしれない。

されど、実はその音韻とは、人間が一つの堪え難き辛苦を経た後に、新たに拓かれた扉を潜《くぐ》り、次なる存在へと昇華した時にのみ、耳に届くものとして捉えることもできるように思える。

つまりそれは、大いなる「再生」への調べ。

§

原福子は群馬県高崎市の出身である。父親の保治が商売で成功を収めていたため、実家の暮らし向きは裕福なほうだった。幼い頃からピアノを習うなど、福子は音楽に親しみながら成長した。しかし、支那事変（日中戦争）が始まって以降は、従軍看護婦として中国の野戦病院に勤務。鍵盤を弾く日々からは遠い生活を送っていた。

ある日、その病院に一人の陸軍兵士が搬送されてくる。その若き兵士は、左の手首の辺りに重傷を負っていた。この兵隊こそ、福子にとって後の夫となる藤井一《はじめ》である。

大正四年八月三〇日、藤井は茨城県結城郡に生まれた。実家は農家で、七人兄弟の長男である。両親は家業を継がせたかったが、藤井は陸軍を志願した。闊達《かったつ》にして実直な性格で、好きな言葉は「言行一致」だった。

歩兵科機関銃隊の配属となった藤井は、やがて中国の戦線に出征したが、とある戦闘の際に迫撃砲弾の破片を左手首に受けて負傷する。藤井はやむなく病院に後送され、ここで福子と出会ったのである。

藤井は彼女に魅了された。片や福子のほうも、裏表のない一本気な藤井の人柄に惹かれ、次第に好意を抱くようになった。二人はやがて恋仲となる。兵士と看護婦の恋と言えば、アーネスト・ヘミングウェイの長編小説『武器よさらば』を思わせるような話である。一つの怪我が招いた偶然の出会いが、二人の運命の軌道を新たな方向へと導いた。藤井は福子を娶《めと》り、二人は互いの生涯に幸多きことを心より祈った。

藤井が負傷した際に着ていた軍服の左袖口と、体内から摘出された迫撃砲弾の破片が、親族からの奉納により、靖國神社の遊就館に保管されている。破れた軍服には血痕が散っており、かなりの重傷であった様子が窺える。破片は二つあり、いずれも赤茶色に深く錆びている。

この金属片から、すべては始まった。

§

昭和一五年一二月一日、二五歳の藤井は転科して陸軍航空士官学校に入校。埼玉県の豊岡町に位置する同校は、日本陸軍における航空兵科現役将校を養成するための教育機関で、年限は一年間である。通称「航士」「航士校」などと呼ばれた。

藤井は航空兵科少尉候補者学生の第二一期生である。航空兵科と言っても、二三四名の同期生の内、操縦者となる者の割合は決して多くなく、他は技術・通信要員の養成課程へと回った。藤井も中国戦線で負った怪我の影響もあって、花形である操縦者への道は諦めざるを得なかった。

昭和一六年七月二九日、同校を卒業。二名の中退者が出たため、卒業生は二三二名である。その後、藤井は埼玉県熊谷市にある熊谷陸軍飛行学校の生徒隊第二中隊の中隊長に任じられた。教官としての赴任である。

特攻教官

操縦者ではない藤井が受け持ったのは、陸軍少年飛行兵への精神訓育の授業だった。「少年航空兵」の俗称で親しまれた彼らは、まだ一〇代の若者である。

軍人勅諭に沿った藤井の指導は、厳粛さの中にも人情味が溢れており、生徒たちから人気を集めた。中隊長と言えば、少年兵たちから見れば「雲上人」のごとき存在だったが、そんな立場にとらわれることなく、藤井は気さくに教え子たちに声をかけた。

陸軍少年飛行兵第一七期生として、東京陸軍少年飛行兵学校から熊谷陸軍飛行学校に進み、生徒隊第二中隊に属した木村博一は、藤井の薫陶を受けた一人である。彼は藤井のことを戦後に振り返って、こう記している。

〈真に軍人らしく、豪快そのもので、しかもいつも柔和な笑顔を持つ極めて明朗な、そして、常に淡々たる性格を持ちながら、部下、教え子には情愛が深く、慈父の如き印象を、与えた人であったことを今も忘れない〉

藤井の肖像写真を見ると、わずかに下がった目尻が顔全体の雰囲気を穏やかなものにさせており、厳格というよりも優しげな風貌に映る。黒目がちの潤いに充ちた両眼が、木村の記す「柔和」という言葉に適《かな》う。

この熊谷陸軍飛行学校の教官時代に、藤井が作詞したという歌が残っている。題名を「昭和の桃太郎」という。

一　胸に輝くプロペラは
　　空往く昭和の桃太郎
　　栄えある翼ひなわしだ
　　　横転逆転宙返り
　　神州男子の腕の冴え
　　　我等少年飛行兵

二　優しき愛のふところで
　　育まれたる忠と孝
　　咲けといわれた九段坂
　　　あああの母を此の俺が

日本一の母にせん
決意少年飛行兵　（以下、略）

それは、まだ幼さの残る少年たちへの激励の心情から生まれ落ちた詩であった。

藤井は飛行学校の近隣に位置する深谷町に家を借りた。夫婦の間には二人の娘が生まれていた。長女で三歳の一子《かずこ》と、次女でまだ誕生から間もない千恵子である。学校では時に厳しさも見せた藤井であったが、家では心優しき夫であり父であった。

まだ赤ん坊の頃の一子を両手に抱く福子の写真がある。ややふっくらとした頬をした福子だが、目には力が漲《みなぎ》り、少し厚めの唇を固く結んだ口元と共に、気性の強そうな雰囲気も伝わってくる。福子の生まれ育った群馬県は、強気で働き者の「上州女」で有名な土地柄だが、彼女もそんな類型に当てはまる性格だったのかもしれない。

藤井は二人の愛娘を非常に可愛がった。どこにでもある質朴な家庭生活だったが、藤井にとっては戦時下の日常における唯一の安息の場所であった。

藤井は、近くに住む部下の嶋田義雄准尉と共に、自宅から自転車で飛行学校まで通った。気性の合うところのあった二人は、家族ぐるみの付き合いを続けていた。

昭和一九年、米軍は猛烈な勢いで日本の国土に迫ろうとしており、もし、このまま本土での決戦となれば、国民に多大な被害が及ぶのは明白であった。そんな中で、究極の一手として日本軍が選択したのが「特別攻撃隊の編成」という道だった。すなわち、航空機の機体ごと敵艦に体当たりするという「特攻」の実施である。

同年一〇月、日本海軍が編成した神風《しんぷう》特別攻撃隊「敷島隊」が、最初の組織的特攻をフィリピン戦線において断行したのは、谷暢夫《たにのんぶ》の生涯を追った第四章で見た通りである。その戦果を受け、以前から特攻の是非の議論を進めていた陸軍もこれに続いた。そんな戦況において、藤井も教え子たちに特攻の必要性を説く役回りとなった。

紅顔《こうがん》の若人たちは次々と戦場に赴き、そして散華していった。藤井は「日本を守るためには、もはや特攻作戦しかない」と考えている。だが、そうは言っても、未成年の生徒たちを特攻に送り込むことは、窒息しそうな苦渋の行為と言えた。作戦を発案した軍の上層部と、実際に出撃する役割を担う若者たちとの「板挟み」とも言える中間職にある彼ら教官は、考えてみれば最も辛い立場にあったとも位置付けられるのかもしれない。

少年たちを送り出す時、藤井は常に、

「お前たちだけを死なせない。中隊長も必ず行く」

との旨を繰り返し口にした。それは彼の場合、己に都合の良い慰めの免罪符などではなかった。その言葉は、藤井の真情の披瀝《ひれき》であり、生徒たちとの約定《やくじょう》でもあったのである。

教え子の一人である前述の木村博一は、藤井の苦悶について次のように記録する。

〈ところが、隊長（筆者註・藤井）の私達に対する教育の中に何か変ったものがあらわれてきたのである。

それは恐らく、自分の教え子が、教えられるままに戦い、且つ、死んでゆく事は、罪のない少年達を、大切な人の子を、自らの手で「死刑」にしているのと同じことだ。と自責の念に駆られ、悩み通されたのであろう（略）

その頃から「中隊長も必ず行く、決して、お前達だけを死にやらぬ。」と決意のほどを、ほのめかすようになられた〉

しかし、飛行学校の中隊長という要職にあり、もとより操縦の専門家でもない藤井には、その役割は回って来ない。そんな状況の中で、ついに藤井は自ら特攻を正式に志願した。あどけなさの残る教え子たちの表情が、彼の脳裡から離れなかった。

元来、彼の座右の銘は「言行一致」である。

だが、藤井の願いは叶えられない。そもそもの役職が異なるのだから当然である。加えて大きな障壁となったのが、彼が妻子持ちの将校であるという点であった。特攻隊員は主に独身者からその多くが選ばれており、特に将校の場合はその傾向が顕著だった。

それでも藤井は嘆願を繰り返した。教え子たちを肉弾として敵艦に突撃させておいて、自分だけは約束をなおざりにし、生を享受し続けることは、彼には耐えられなかった。

兼ねてより、彼は生徒たちに「忠」を重んじることの大切さを説いていたが、その当の自分が不忠の姿勢を示すことなど、どうしてできようか。今生《こんじょう》の面目が立たないような態度は、彼にとって最大の恥である。

悶えるような藤井の苦慮は、深くなるばかりであった。

女の決意

夫から特攻志願の事実を打ち明けられた福子は、驚きと狼狽《ろうばい》を隠せなかった。彼女は夫の行動に戦《おのの》き、震撼《しんかん》する思いだった。沸き上がる困惑と共に、

(命令ならともかく、何故《なぜ》、わざわざ自分から？)

との率直なる感情を拭い去ることができない。ましてや二人の子供を持つ母親の立場としても、夫の行動は断じて納得のいくものではなかった。いくら思惟《しい》しても、福子は夫の心情を理解できないと感じた。

それでも、志願が採用されていない現状には一つの安堵《あんど》を覚えた。「妻子持ちの将校が特攻要員に選ばれることは少ない」と周囲からも聞いた。しかし、ともあれ、この見通し難き戦況の行く末において、何がどう転ぶかなど分からない。福子の胸は、言い尽くし得ぬ不安から逃れられなかった。

福子は毎晩のように、夫に翻意を乞うた。福子はこの時、二四歳、藤井は二九歳である。時には、各々が声を荒らげての口論となった。

だが、互いの思いが交錯する中で、福子は夫が蔵している不退転の決意が厚き信義に基づくものであることを知った。確かに、「教え子たちとの約束」は甚だ重いものであろう。教官としての責任、そして彼が抱えている呵責《かしゃく》の情についても痛いほど分かる。そもそも、夫のそんな実直で律儀な性格こそ、彼女自身が最も近しく感じ、誇りとした部分であった。

しかし、それでも彼女は心の内奥《ないおう》で、こう感じぬわけにはいかない。

(責任があるとするならば、それは他の教官だって同じでしょう?)

なのに何故、彼だけが殊更に前に進んで特攻を果たさんとする必要があるのか。

家庭よりも教え子たちのほうが大切なのか?

福子は涙して懇願した。

けれども、夫の決意は揺るがなかった。藤井は福子に対し、

「自分が特攻した後は、二人の子供を連れて茨城の藤井家に身を寄せるように」

と諭した。

(我が夫は、自分自身の信念を容易《たやす》く曲げるような人ではないのだ)

夫の堅牢《けんろう》なる不動の思いの深さを、ありありと理解する福子であった。そして同時に、彼女は夫への敬意を強く抱いた。

やがて、彼女は夫の本懐のすべてを認めたのである。

ただ、この認知は一つの感情の割れ目となり、その結果、そこから新たな思いが湧き出そうとしていた。それは泉となり、河の流れとなって渓谷を削る。程無く激流となって迸《ほとばし》り、最後には滝となって落ちる。その水は清冽《せいれつ》ではあるが、巨岩をも千々に砕く勢いを得ている。

つまり、福子が自らの哀願を諦めたその瞬間、彼女もまた心中にある一つの「決意」を宿し、育み始めたのであった。それは言い換えると、これまでの「享受」からの脱却への道である。

とある決断の時が、密かに忍び寄っている。

ぺりり。

吹き荒ぶ寒風

昭和一九年一二月一四日の昼間、嶋田准尉の妻は、いつものように福子を買い物に誘った。ところが、この日の福子は、

「ちょっと用があるから」

と言って、それを断った。けれども、普段と変わったような様子は、何も感じられなかったという。

翌一五日の早朝、一つの事件が発覚した。厳冬の荒川の冷たい流れの中に、三体の身元不明の溺死体が浮かんでいるのが発見されたのである。

一体は大人の女性であり、その身体には二体の子供の遺体が紐《ひも》で結び付けられていた。その様子から、入水自殺した母子であると判断された。そして間もなく、近所の住民たちの証言により、それらの遺体が藤井の妻子のものであることが明らかとなったのである。

夫を駆り立てている所懐《しょかい》の強固さを理解し、そこに言いようのない敬意の感情を得た福子は、それならば彼の願いを必ずや叶えさせてやろうと思った。それこそが妻の役目であると、豁然《かつぜん》として悟ったのである。

「妻子持ち」という肩書きさえ無くなれば、夫はきっと本懐を遂げることができる。たとえ、

その本懐が「教え子に続く」という「死」を意味するものであったとしても。

彼女は自身の存在が、夫の信念の妨げになっている境遇を良しとしなかった。福子の胸中に生まれていた奔流は、二本の小さな支流をも一挙に呑み込んで、極寒の荒川へと注いだのである。

人は簡単に「命がけの愛」などと謳《うた》う。だが、人間が容易に口から吐く「愛」とは何なのか。本来のこの言葉の意味が表出する髄とは、単なる「色恋」の域を遥かに超えるものではないのか。

この話は、単なる悲劇ではない。男女が織り成す幾千もの多様な愛なるものが、とかく大袈裟《おおげさ》に叫ばれる他方、離婚という選択肢を選ぶ夫婦が増えつつある当今の日本社会において、かくなる彼女の決断は、倒錯や狂愚や熱病といった奇譚《きたん》の刻印で片付けられてしまうのか。それとも、全く異界の情景として映るだけなのだろうか。

そんな錯視こそが、一つの悲劇とも言い得るであろう。

§

二人の娘と共に福子が川面に波紋をつくったその時、藤井は一週間の宿直勤務の最中で飛行学校に詰めていた。そんな藤井のもとに急報が届く。藤井は嶋田准尉と共に、警察の車輌で現場へと向かった。

一片の疑いの余地もなかった。藤井の眼前に、変わり果てた妻子の姿があった。二人の子供は、福子の最後の母心の証しとして、晴れ着を着せられていた。

死せる者たちは、もはやいくら彼に問いかけられても黙したままである。大小合わせて六つの黒い瞳は、動くことのない重い瞼《まぶた》によって固く塞がれている。昨日まで瑞々《みずみず》しく躍動していた彼女たちの唇は、とうに本来の色を失していた。

四人で共に過ごした歳月の記憶が、藤井に鋭い痛みを導いた。冷え切った遺体の前に踞《うずくま》った藤井は、まず妻の足に付いていた砂を優しく払った。そして、彼は頭を深く垂れ、間もなく呻《うめ》くような声を発し始めた。苦き涙が大地を濡らすまで、多くの時間はかからなかった。

心の軋《きし》みのような慟哭《どうこく》は、強い寒風にも吹き消されない。あまりの凄惨な光景に、嶋田准尉は何も言葉をかけることができなかった。藤井は絞り出すような声で、

「私は常々、飛行兵に対する精神訓話で死生観に徹せよと言っているが、私自身ここまで徹することはできない」

という意味の言葉を、途切れ途切れに口にしたという。

嶋田准尉の妻が藤井家を訪れたのは、その日の晩のことである。藤井の自宅には、軍の幹部

と思われる人たちが、すでに多く集まっていた。

脈動の失われた三人の遺体は、蒲団《ふとん》の上に整然と並べられていた。嶋田准尉の妻は、前日に福子を買い物に誘った時のことを思い出した。

（あの時には、もう決意していたの？）

彼女の心を強い虚無感が襲った。

届かぬ手紙

深夜には親族も集まったが、藤井の濡れた頰はもう乾いていた。悲嘆と惑乱の末、彼の心中には一つの決意が改めて凝固し、その帰趨《きすう》としての奇妙な平静を得ていたのである。茨城から駆け付けた藤井の妹・あき子は、兄からとある便箋《びんせん》を見せられた。それは福子の記した遺書であった。

〈私たちがいたのでは後顧の憂いになり、存分の活躍ができないことでしょう。お先に行って待ってます〉

その夜、藤井は一通の手紙をしたためた。宛先は長女の一子である。それは、亡くなった娘への、永遠に届くことのない手紙であった。

〈冷え十二月の風の吹き荒ぶ日
荒川の河原の露と消し命。母と共に殉国の血に燃ゆる父の意志に添って、一足先に父に殉じた哀れにも悲しい、然も笑っている如く喜んで、母と共に消え去った幼い命がいとほしい〉

かの瞬間、娘たちが〈喜んで〉身を投じたと考えることは、端的に言って困難である。生後四ヵ月の千恵子はもちろん、三歳の一子にしても、母の胸中を忖度《そんたく》することは残念ながらできなかったであろう。むしろ、底の見えない暗い川の流れを目前にして、さらには普段と異なる母親の雰囲気を敏感に察して、烈しく泣き叫んだと想像するほうが、より普遍的な解釈と言える。しかし、藤井の手紙の表現が、たとえ父親の身勝手な傲慢に基づくものであったとしても、亡骸の表情にせめてもの微笑を見て取った哀れな彼の行為を、いったい誰が責めることができよう。

〈父も近く御前達の後を追って行ける事だろう。

厭《いや》がらずに今度は父の膝に懐でだっこして寝んねしようね。
それまで泣かずに待ってゐて下さい。
千恵子ちゃんが泣いたら、よく御守しなさい。
では暫く左様なら。
父ちゃんは戦地で立派な手柄を立てゝ御土産にして参ります。
では
一子ちゃんも、千恵子ちゃんもそれまで待ってゝ頂戴〉

便箋は二枚にわたっており、文章の他、藤井直筆の絵も描かれている。一枚目には桜の木、二枚目には子犬の脇で蝶々《ちょうちょう》を追いかける幼女の絵である。おかっぱ頭のその子は、きっと在りし日の一子の姿に相違ない。

男の本懐

軍はこの事件を秘匿した。特攻の開始以来、他に類を見ない事態の発生であり、町でも俄《にわか》に騒動となったが、新聞での報道は固く禁じられた。

事件後すぐ、藤井は改めて特攻を志願した。藤井は己の小指の血管を裂き、その滴る血で「絶忠」の文字から始まる嘆願書を書き起こした。もはや彼の決意を覆すことなど、八百万《やおよろず》の神々とて適わぬことだったであろう。

軍も一連の事態の推移を汲み、この志願を受理した。

藤井の特攻は、こうして認められたのである。

妻子の入水自殺からわずか五日後の一二月二〇日、藤井は茨城県鹿島郡の鉾田《ほこた》教導飛行師団への転属命令を受けた。鉾田は陸軍における最初の特別攻撃隊が編成された場所であるが、藤井はこの地で専門の訓練を新たに受けることになった。こうして熊谷陸軍飛行学校を去ることになった藤井は、自らの中隊長室に生徒たち一人ひとりを呼び、

「これからの日本を頼むぞ」

と最後の励ましの言葉をかけた。

鉾田へ旅立つ直前には、部下や生徒たちが送別会を催してくれた。彼らは皆、藤井家に起きた事件を伝え聞いて知っている。藤井は餞別《せんべつ》として彼らから軍刀を贈られた。それは、生徒たちがお金を出し合って購入したものであった。

教え子たちは最後、藤井がかつて作詞した「昭和の桃太郎」を合唱しようと企図していたが、あまりにも泣き止まぬ者が多いため、そのような雰囲気にはならなかった。藤井本人も時折、

涙を見せた。

深谷での最後の夜は、嶋田准尉の自宅で過ごした。二人は朝まで飲み明かしたが、藤井は今は亡き妻子に関しては何も語らなかった。この時、藤井は一つの軍用行李を嶋田に預けた。鉾田での落ち着く先が決まったら、そこに郵送してほしいという頼みだった。

その中には、福子が生前に好んで着ていた紫色の絵羽織が、丁寧に折り畳まれていた。物一つ言わぬ形見の品が、そこはかとない寂しさを漂わせた。そこに彼女の移り香はあったであろうか。

年が明けて昭和二〇年二月八日、陸軍中尉・藤井一は「第四五振武《しんぶ》隊」の隊長に任命された。振武隊とは、第六航空軍指揮下の特別攻撃隊の呼称である。

その後もしばらく、鉾田教導飛行師団で訓練に明け暮れていた藤井だったが、この時期に彼が揮毫《きごう》したという書が、鹿児島県南九州市の知覧《ちらん》特攻平和会館に現存する。

展示室の入口近くに掲げられたその書の文字は「捨身殉國斃而後不已」とあり、「身を捨て國に殉じ斃《たお》れて後やまず」と読める。「死後も国を護り続ける」という彼の決意が、犇々《ひしひし》と伝わってくる。

鉾田での訓練をすべて終えた藤井は、ある日、熊谷陸軍飛行学校を不意に訪れた。それは、最後の別れを告げるための来訪であった。この時の藤井の様子を嶋田は、

「すでに鬼神になっていられたのか、顔は崇高そのものであった」

と後に人に伝えている。

四月、藤井率いる第四五振武隊は、千葉県の松戸飛行場に移動。鹿児島県川辺郡の知覧飛行場への進出命令が正式に下るまで待機することとなった。知覧からは沖縄防衛戦に参加する予定である。

この待機中、第四五振武隊に一つの事件が起きた。四月二七日、夜間の飛行訓練中、中田茂少尉の操縦する機体が、強風に煽られて着陸に失敗。操縦士の中田少尉は打撲で済んだが、通信士として後部座席に搭乗していた坂恒夫兵長が、頭部を強打して即死。殉職したのである。

藤井は自らの境遇も忘れ、部下たちの無念に心を痛めた。

五月二七日、第四五振武隊は知覧飛行場へと進出。藤井にとって、妻子の入水自殺から約五ヵ月後のことである。

昭和一六年に大刀洗《たちあらい》陸軍飛行学校知覧分教所として開設された同地は、昭和二〇年の沖縄戦の開始以降、国内最大級の特攻基地となっている。

第四五振武隊の出撃は、知覧に到着した翌日の二八日と決した。藤井たちが知覧で過ごす夜は、わずか一晩のみである。藤井は、

「自分が戦死した後は、故郷の茨城の墓に、家族四人一緒に葬ってほしい」

との遺言を残した。

二八日、午前三時に起床。隊員たちは出撃の準備を淡々と進めた。出陣式の前には、地元の婦人会と女子奉仕会から激励の挨拶を受けた。

出撃直前に撮られた一枚の写真が残っている。飛行服姿の藤井が、横一列に並んだ隊員たちの前に立ち、最後の訓示を与えている光景だ。藤井の左腰に長めの軍刀が吊られているのが見えるが、これは熊谷陸軍飛行学校で餞別として贈られたものと推察できる。

隊員たちに話しかけている藤井の横顔は、笑っているようにも映る。

直立したまま藤井の話に耳を傾けている隊員たちの足下に、一匹の子犬が寄り添っている。知覧飛行場では、特攻を待つ少年たちの手によって数匹の犬が飼われていたが、その中の一匹が写り込んだようである。

子犬の脇に立つ一人の兵士は、首から白木の箱を下げている。箱の中には、前月に無念の殉職を遂げた坂恒夫兵長の遺骨が納められていた。

出陣式までは同隊の小隊長である小川彰少尉が白木の箱を下げていたが、搭乗時には中田茂少尉にこれを手渡した。中田は坂の殉職の原因となった着陸事故を起こした操縦士である。中田は坂の遺骨を胸に抱き、特攻機へと乗り込んだ。藤井はそんな部下たちの姿をじっと見つめていた。

操縦者ではない藤井は、機上通信士の任務を担うこととなり、小川少尉が操縦する二式複座戦闘機の後部座席に搭乗。乗員二名の二式複座戦闘機の愛称は「屠龍《とりゅう》」である。全長一一メートルほどの機体には、二発の二五〇キロ爆弾が懸吊《けんちょう》されていた。

特攻機が出発線から次々と滑走を始める。午前四時五五分、藤井率いる第四五振武隊は、第九次航空総攻撃の主力として、知覧から沖縄に向けて出撃した。この総攻撃は、第四五振武隊を含め、陸軍の一三隊（三五機）と、海軍の二隊（二六機）が参加する大規模な作戦であった。

彼の背後で、知覧の特攻基地がみるみる小さくなっていく。機首を南に揃えて飛ぶ特攻機群は、「薩摩富士」こと開聞岳《かいもんだけ》をまず目印として進路を取り、その通過後に沖縄近海へと向かう。

第四五振武隊は、全九機の編成である。藤井機を含む三機が先陣を形成し、残りの六機が後に続いた。

通常、開聞岳から沖縄までは二〜三時間の飛行である。狭い機内の後部座席に座しながら、藤井は何を反芻《はんすう》していたであろう。

沖縄周辺の海上まで進出した第四五振武隊は、大海を航行する敵の船団を捕捉。他の部隊と共に、一斉に突入を始めた。

心はすでに定まっており、もはや一点の迷いもない。彼が向かった先は、固い敵艦であると同時に、三人の愛しき家族のもとである。差し伸べられた手の中に飛び込むようにして、藤井は沖縄の洋上に砕けた。

知覧飛行場の無線室が、護衛と戦果確認を任務とする直掩機《ちょくえんき》からの無線を傍受した。それは、「突入成功」を告げる内容だった。

この第九次航空総攻撃の戦果としては、駆逐艦一隻を轟沈《ごうちん》、高速輸送艦と兵員揚陸艦を各一隻ずつ戦列復帰不能、駆逐艦二隻に大損害、その他、護衛駆逐艦一隻、駆逐艦一隻、掃海駆逐艦一隻、高速輸送艦二隻、商船三隻、掃海艇一隻に損傷を与えたという記録が残っている。

藤井の本懐はこうして遂げられた。伴侶が示した果てのない内助によって、夫はようやくその信念を貫くことができたのである。

§

世の中には、他者を顧みることなく、自分が一秒でも長く地上で息をすることに汲々《きゅうきゅう》とし、且つそれがさも当たり前のことであると誤魔化しながら、自己肯定を拡大させる人がいる一方で、自他の枠を超えて立ち、しつこい我欲に折り合いを付け、時に横殴りの絶望に屠《ほふ》られそうになりながらも忍び、その結果として避け得ぬ場合には死をも厭《いと》わない人々もいる。たとえ神ならぬ身といえども、自己犠牲という陳腐な言葉を使うまでもなく、つまらぬ理屈を弄することもなく、己の二つとなき命を他者のために擲《なげう》つことのできる人たちがいる。

そういった意味において、今回の物語の主人公である二人は、合わせ鏡のような夫婦であったとも言えるであろう。

藤井の辞世として、次の一句が遺っている。

薫風に　まづしき手柄　乗せて来る

後日、福子の父親のもとに、一通の葉書が届いた。それは、出撃前に藤井がしたためたものであった。そこには、こう綴られている。

〈福子、一子、千恵子等とも逢えることを楽しみにして居ります〉

果たして、一家は再会できたであろうか。

ぺりり、ぺりり、ぺりり、ぺりり。

第八章

埋もれた史実「モンゴル抑留」の実態

——ウランバートルに隠された悲話

もう一つの抑留

モンゴルの首都であるウランバートルの街並を一帖《いっちょう》の屏風絵《びょうぶえ》に見立てるなら、その筆を走らせたのは日本人である。

この街を逍遥《しょうよう》していると、そんな言葉を吐きたくなる衝動の萌《きざ》しを禁じ得ない。

本当は「それは大袈裟《おおげさ》である」ということも充分に承知している。しかし、その筆致に隠された忍従の深遠さに思いを巡らせると、いささか過度であろうとも、冒頭の一言くらいは許容してほしいという不揃いな感情の波に、私の思考は濡れる。

一般的に「抑留」という言葉から連想されるのは「シベリア抑留」であろう。しかし、「抑留」は他にもあった。その一つが「モンゴル抑留」である。

一九四五年八月九日、日ソ中立条約を一方的に破棄するかたちで、ソ連軍が満洲国に侵攻。これを受けてモンゴル人民共和国は翌一〇日、日本への宣戦布告へと踏み切った。

一五日に戦争の大勢《たいせい》が決した後、満洲に居た多数の日本人がソ連軍によって拘束された。その中には将兵に交じって、民間人の姿も少なくなかった。彼らは主に列車によってシベリアへと送られたが、これがスターリンによる所謂《いわゆる》「シベリア抑留」である。

だが、日本人が移送された先はシベリアだけではなかった。シベリア経由でモンゴルまで送られた者の数は、一万二〇〇〇から一万五〇〇〇人ほどに上ると言われている。

ウランバートル市在住のR・ダンザンさんは終戦時、一一歳の少年だった。彼はウランバートルの中心部の工事現場で、日本人の集団を見た記憶があるという。

「皆、汚れた服装をして、凄く痩せていたので驚いた記憶があります。父親に『あの人たちは誰?』と聞いたら『戦争に負けた日本人だよ』と。父は『こんな遠いところまで連れて来られて可哀想だね』と同情していました」

その内、一五〇〇から三〇〇〇人ほどの日本人が祖国に帰る夢を果たせず、モンゴルの地に朽ちたという。犠牲者の推計には幅があるが、これこそが歴史が的確に顧みられてこなかった何よりの証左であろう。現在、この史実はモンゴル人の間でもほとんど知られていない。

§

一九四五年の秋、多くの日本人俘虜《ふりょ》を乗せた貨車が、轟音《ごうおん》を立てながら車輪を回し続けていた。

今、「俘虜」という言葉を使ったが、この場合は国際法に則った「捕虜」と同義ではない。彼らは終戦後に不法に拉致・強制連行された者たちである。加之《しかのみならず》、ソ連の行為は「武装解除した日本兵の家庭への復帰」を保証したポツダム宣言にも明確に違反する。

ここで移送の一例を挙げたい。満洲国熱河《ねっか》省に位置する承徳《しょうとく》という町を九月一五日に出発した無蓋《むがい》貨車には、一輌に八〇名近くもの日本人が押し込められていた。将校も二等兵も民間人も一緒だった。

座ったままの状態で、横になるどころか、足を伸ばすことさえできない。彼らに対する水の支給はほぼ行われず、数日にわたって飲まず食わずの日が続くこともあった。水など石炭の補給のために列車が駅に停車した際、貨車に寄って来る現地の売り子から饅頭《マントウ》(中国の蒸しパン)などを購入することができたが、お金に余裕のない者から飢渇《きかつ》に苦しめられた。新京《しんきょう》(現・長春)の駅では脱走者も出た。

脱走の影響もあったのであろうか、新京駅で有蓋貨車に乗り換えとなった。しかし、車内のぎゅう詰めは同様だった。

列車がハルビン駅に停車した時のことである。一人のソ連兵が貨車に近づいて来て、日本の女性を強姦した際の様子を得意げに語り始めた。大袈裟な手振りと共にニヤニヤと笑うこの愚《ぐ》昧《まい》な男は、

「ユルシテ、ユルシテ」

と女性の口真似を繰り返しながら、その時の光景を卑劣にも描写するのであった。それを見

ていた者たちの心は、抑え難き憤怒に引き裂かれたのである。

ソ満国境の黒河《こくが》に到着したのは、承徳を出て一ヵ月以上が過ぎた一〇月二四日である。この地の宿舎で、しばらく待機することとなった。

この時まで彼らの多くは、自分たちはこのまま日本へ送還されるのだと思っていた。しかし、残酷にも宣告された行き先は「モスクワ方面」だった。

慮外な事態に悲愴《ひそう》な面持ちの俘虜たちは、徒歩により国境線を越え、ソ連側の街であるブラゴヴェシチェンスクから再び貨車に揺られた。かなり年季の入った古い貨車が、シベリア本線をひたすら走る。車内では虱《しらみ》の大群が発生して、乗客たちを苦しめた。夜には気温が零下にまで下がり、凍傷を患う者も出た。

排泄《はいせつ》は駅などに停車した折に、兵士の監視の下、貨車から降りて線路の周囲などで行うが、何時間も列車が停まらない時もある。車内で小便を我慢できなくなった場合は、缶詰の空き缶を使った。一缶で足りなければ、一旦、放尿を止め、別の缶を速やかにあてがう。移動のできない車内において、尿で満たされた缶は手から手へと渡されて、小さな窓から中身だけ車外に放擲《ほうてき》された。

大便は小さな味噌樽に入れた。樽の置き場所もままならないため、不要時には天井から吊るしておく。便意に耐えられなくなった者が出れば、樽を下ろして回していく。衝立《ついたて》などあるはずもなく、用を足す姿はそのすべてが丸見えである。周囲の者は、自分の目の前で他人の排便が始まっても、顔を背けるくらいしかできない。

体調を崩して下痢を起こす者も多かった。列車が停車した際、警備兵の許可を得た上で、樽の中身を外に捨てに行った。

ついには、輸送中に息絶える者も出た。元々の病気持ちや、下痢で体力を奪われた者などから犠牲となった。

やがて貨車はソ連とモンゴルの国境地帯へと到着。ここで初めて、俘虜たちに最終目的地が告げられた。

一九二四年に成立したモンゴル人民共和国は、親ソ・社会主義路線へと舵《かじ》を切った。「ウランバートル」とは「赤い英雄」という意味であるが、これがロシア革命にちなんだ命名であることは言うまでもない。一九三六年にはソ連との間で相互援助条約を締結。赤軍の自国への駐留を認め、軍事的にもソ連と協調する道を歩んだ。そんなソ連が、一九四五年八月に日本に宣戦布告した事態を受け、モンゴルも対日戦争に加わったのである。

収容所百景

承徳を逐《お》われた一団は、国境からウランバートルまで、徒歩とトラックで移動した。途中、一人の中年男性が柵で首を吊り、現世との繫《つな》がりを自ら断った。

ウランバートルに到着した時には、承徳を出てから実に約二ヵ月もの月日が流れていた。鉄条網に囲まれた収容所での生活が始まった。食事はモロコシの一種である高粱《コーリャン》で作った薄い粥《かゆ》や、硬い黒パンなどである。分量は常に微々たるものだった。ライ麦を原料とした黒パンのことを、日本人たちは「煉瓦《れんが》パン」と呼んだ。味は普通のパンに比べて酸味が強い。

労働として材木の運搬作業が始まり、モンゴル兵の監視下で、朝から晩まで否応無く酷使された。

一二月になると、羊毛工場での労働へと移された。寝泊まりする場所も、劇場に改造を施した新たな収容所へと変わった。海抜一四〇〇メートル近くに拓けた街であるウランバートルは、冬になると零下三〇度を下回る日も多い。室内にはペチカなどの暖房設備が一応は備えられていたが、それでも深夜の冷気は執拗《しつよう》だった。

シャツの縫い目などは、虱の微小な卵の数々で埋め尽くされた。虱を媒介とした発疹熱《はっしんねつ》などの疾病が流行したのは必定だった。

かくして承徳から連行された者たちの多くは、羊毛工場での苛酷な労働に従事することとなった。しかし、このような場面は、モンゴル抑留という史実に刻まれた一齣《ひとこま》でしかなかったのである。

§

ウランバートルの郊外に建つミヤス・コンビナートは、食肉を加工処理する工場である。もとより遊牧民族であるモンゴル人たちは、畜産を主な産業の一つとする社会主義国家の建設を目指していた。日本人抑留者たちは、その基礎を支える重要な労働力として動員されたのである。工場は大規模なもので、工場長はソ連人だった。宿舎は木造の平屋建てである。

抑留者たちは、厳しい労働を休み無く強いられた。無論、目の前に肉塊があっても、それで口腹を満たすことはできない。彼らの体軀《たいく》は、たちまち痩せ衰えていった。

§

ソ連との国境の街であるスフバートルの収容所は、バラック建ての粗末な小屋だった。暖房器具は何もなかったので、拾ってきた枝を石油缶の中で燃やし、炭火を作って最低限の暖を取った。枝を拾いに行く作業は当番制で、モンゴル人の歩哨の厳重なる注視の下で行われた。しかし、このような方法では充分な保温などとても適《かな》わず、手足に重度の凍傷を負う者が続出した。

患部は紫色に腫《は》れて徐々に壊死《えし》し、やがて異臭を放つ。症状が悪化すれば、腐った部分の切断は免れ得ず、畢竟《ひっきょう》、行き着くところは死ということになる。

§

土木や建設現場での使役に回された者も多かった。チヤガラントン収容所の俘虜たちは、国立大学の普請《ふしん》へと駆り出された。まず基礎部分の土を掘らなければならないが、固く凍った大地が作業の進展を拒んだ。鉄製のバールを使って、決められた一定のノルマを目標に黙々と掘り進める。

ノルマを達成すると褒賞《ほうしょう》が出た。一片の黒パンである。祖国では威厳のある父親も、許嫁《いいなずけ》のあった快活な青年も、気宇壮大《きうそうだい》な学生も、皆が黒パンの酸味の中に溺《おぼ》れた。

監視にはモンゴル兵が立っていたが、彼らを指示しているのはソ連兵であった。指導的立場にあるソ連の支配力が強まる中、モンゴル人たちも辛い立場にあった。

§

人間の本性とは、非常時においてこそ顔を覗かせる。

「こんなところで死んではいけない。必ず一緒に帰ろう」

そんな言葉で互いを幾度となく励まし合う者たちがいるかと思えば、取っておいた黒パンが朝には盗まれているといった事件も頻繁に発生した。

その両方が人間の実相であったろう。

アムグロンという収容所では、次のような騒動が起きた。ある男が、残しておいたすべての所持金をはたいて二キロもの黒パンを買った。盗難を恐れた彼は、大事な硬い黒パンを枕にして眠りについた。だが翌朝、目覚めてみると、頭部に接していた部分だけを残して、あとはきれいに跡形も無く消えていたのである。

皆が死線の淵に立たされた状況の中で、善だの悪だのといった平時に存した高邁《こうまい》な理屈の生《なま》皮《かわ》は、もろくも剝がされて不具となっていた。心の奥処《おくか》に蔵匿されていた沈殿物は、新たに生まれた強烈な潮の流れによって、砂煙のように揺らめいて舞い上がる。

生きるために必要なこととは、正直さか、それとも狡猾《こうかつ》さか。

§

農場に回された者たちの生活も困窮を極めた。ジャルガラント国営農場では脱穀作業などを強いられたが、栄養失調から斃《たお》れる者が相次いだ。赤痢などの疾病も流行したが、薬品もなく、適切な治療は望むべくもない。肋骨を浮かせた遺骸は、身体中に散らばる虱を払い落としてから、雪山へと埋められた。

§

抑留者たちには入浴も許されない。夜、板の間に列をなして粗悪な毛布に包《くる》まる彼らが幾重にも夢見るのは、四季折々の故郷の風景であった。

そんな長く厳しいモンゴルの冬の間、収容所では「春になったら日本に帰れる」という風説が、希望的な憶測も含めて、まことしやかに飛び交っていた。憔悴《しょうすい》の極みにある彼らは、そこに一縷《いちる》の希望を託した。

しかし、年が明け、春を愛《め》でるべき季節が訪れても、懐郷の思い空しく、帰国への動きは見られなかった。それどころか、労働はさらに苛烈さを増していった。

雪消《ゆきげ》と共にノルマが増えたのは煉瓦工場である。アルシャン煉瓦工場では、一日に一人三〇〇枚もの煉瓦を造ることがノルマに設定されていた。しかし、この数字が作業員たちの技術の熟達によって徐々に達成できるようになると、ノルマの数は一挙に倍の六〇〇枚へと引き上げられた。続いて一〇〇〇枚、そして最終的には二〇〇〇枚ものノルマとなったのである。

土に少量の水分を加えて練った泥土を、型枠に流して詰め、それを逆さにして持ち上げると、煉瓦の素《もと》が出来る。それらを陽に当てて乾かしてから焼き場へと運び、火を通せば完成となる。俘虜たちはノルマの達成を目指し、任された作業をひたすら繰り返した。山から用土を削り出す際に、土砂崩れで頓死《とんし》した者もいた。

完成した煉瓦は、遅滞なく各建設現場へと運ばれ、政府庁舎の一部や首相官邸、国立大学などの建設に使用された。現場で煉瓦を積むのも、また別の日本人たちである。同胞たちの造った煉瓦を背負い子《しょいこ》に入れて、運搬役が担ぐ。煉瓦積み工は、不安定な木製の足場の上で一つずつ、それらを積み上げていく。当初の労働時間は一日八時間であったが、最終的には建設計画の遅れを理由に最大で一四時間半まで延びた。その他、外務省や中央図書館、ホテル、映画館の建設にも駆り出された。

モンゴルの時の首相は、ホルローギーン・チョイバルサンである。彼が大戦後の国家の最重要課題として、いち早く力を注いだのが都市インフラの整備と、産業の近代化であった。一九三〇年代後半に国内で大粛清を行ったチョイバルサンは、「モンゴルのスターリン」の異名を持つ人物である。ソ連からの支援を背景に自らの独裁政権を確立した彼は、スターリンの抑留政策という奸計《かんけい》と足並みを揃え、不法に拉致《らち》した日本人の力を使って、その主たる目的を達しようと画策した。

モンゴルの国立中央文書館に保管されていた公式文書に拠《よ》ると、同国における日本人の抑留は「モンゴルの要請」に基づき、「ソ連の決定」によって行われたとある。同文書には、捕虜導入の目的として「首都ウランバートルの近代化」と明確に記載されている。

§

モンゴルの夏は短い。秋の訪れと共に再び気温が下がり出すと、抑留者たちの失望はさらに膨らんだ。食糧事情は幾分なりとも改善されたものの、帰国は一向に実現されない。もし帰還できるとすれば、ウラジオストクからの海路が予想されたが、同港は冬には凍る。二度目の冬の到来は、彼らが縋《すが》ってきた一握の哀願を根こそぎ薙《な》ぎ払い、浮腫だらけの絶望を呼んだのである。

結核などの疾病は、慢性化して久しかった。よほどの重症者はウランバートル郊外の山麓に建つ「山の病院」と俗称された医療施設に搬送されたが、それはほんの一部の患者だけであった。

「暁に祈る事件」の真相

この時期、とりわけ多くの犠牲者を出したのが、羊毛工場での労働に従事していた通称「吉村隊」である。

戦時中は陸軍憲兵曹長だった吉村久佳《ひさよし》は、ウランバートルのとある収容所内で日本人隊長の役に任じられていた。「吉村久佳」という名前は偽名であり、本名は池田重善という。陸軍軍人・軍属の犯した違警罪《いけいざい》（軽い犯罪）の処分を行う憲兵部は、一般兵から何かと疎《うと》まれがちな存在であったため、終戦後、報復を恐れて偽名の使用を奨励したのである。

モンゴル政府は日本の軍隊組織の枠組みを温存した「間接統治」によって、抑留者の管理を行っていた。すなわち、俘虜を大隊、中隊、小隊、分隊に組織し、日本人の隊長を通じて命令を伝える方法である。吉村はそんな体制下において、如何《いか》なる方策を講じたのか委細は不明であるが、ともかくもモンゴル側からの信任を得て、収容所内の隊長となっていたのであった。

吉村は部下の隊員たちに異様に厳しいノルマを課し、それを果たせなかった者に対して、私刑にも等しい理不尽な処罰を繰り返した。困難と思われるノルマを達成することによって、自身の評価を高めようとしていたのであろう。その処罰の中には減食や絶食の他、野外の柱に隊員を縛り付け、夜を徹して放置しておくといったものまであったという。縛り付けられた隊員が、明け方には瀕死《ひんし》の状態となり、頭を垂れて朝日に祈るような姿になったことから、この騒動は「暁《あかつき》に祈る事件」と呼ばれている。「暁に祈る」とは戦時中の流行歌の題名である。

この事件は、戦後の昭和二四年三月に『朝日新聞』がスクープとして報道し、その後に裁判となった。「吉村隊長」こと池田は、遺棄致死傷と逮捕・監禁の罪により有罪判決を受けた。しかし、彼は三年間の服役を終えた後も、昭和六三年に七三歳で亡くなるまで冤罪《えんざい》を主張し続けた。

果たして事実はどうだったのであろうか？　吉村隊の生存者が奈良県にいるという情報を得た私は、真偽を慥《たし》かめるため現地に向かった。

斎藤由信さんは大正一三年一月、大分県の臼杵《うすき》町に生まれた。終戦時には憲兵伍長として承徳の憲兵隊本部にいたが、その後、俘虜として抑留された。

以来、上層部からの変名の指示により、「吉分文男《よしわけ》」という仮名を名乗ることになった。ちなみに、同じ憲兵とは言え、吉村久佳こと池田重善との面識は元々なかった。斎藤さんの抑留された先はスフバートルだった。

翌一九四六年の初夏の頃、ウランバートルの収容所への異動者が募られた。斎藤さんは希望しなかったが、何故《なぜ》か一〇名ほどの中に選抜されてしまった。こうして斎藤さんはウランバートルの収容所に移送されたのだが、この転出先が「吉村隊」だったのである。斎藤さんが当時を語る。

「吉村は各収容所に諜報部員を配して、情報を集めていたようですから、私のこともそれで知ったのでしょう。同じ憲兵出身ということで、近くに置いて利用しようとしたのかもしれません」

斎藤さんの身に生涯にわたって忘れ得ぬ事件が起きたのは、一九四七年一月中旬の某日である。その日、斎藤さんは突然、当番兵に呼び付けられた。

「隊長殿が呼んでいます。すぐに来てください」

「隊長殿」というのは吉村のことである。斎藤さんはただちに別棟の隊長室へと急いだ。

隊長室に入った斎藤さんの眼に飛び込んで来たのは、一人の兵が後ろ手に縄で括られ、跪《ひざまず》いている姿であった。それは分隊長となっていた斎藤さんの部下の一人であった。吉村が怒気に充ちた声で言い放つ。

「吉分、貴様、何をしておるか！　夕べ、あれだけ気を付けろと言っておいたのに」

聞けば、この縛られている兵が脱走を図ったというのであった。実は斎藤さんが分隊長に任じられたのはこのわずか数日前のことで、まだ隊員の名前さえも充分に把握できていない時期であった。この痩せこけた脱走兵は、以前にも同様の行為を試みており、確かに「特に注意しろ」と前日に吉村から命じられていたのである。命令を受けた斎藤さんは、この兵に交代で見張りを付けていたのだが、朝食の飯上げ・分配の時間に脱走を企てたのだという。吉村は大変な剣幕で、

「吉分、貴様も今夜から営倉《えいそう》に入れ。当分の間、絶食だ」

と睥睨《へいげい》と共に叫んだ。斎藤さんはそのまま昼間は山の中腹での石切り作業の使役に出され、命令通りに食事も全く与えられないまま、夜は営倉へと放り込まれた。そこは別棟の見窄《みすぼ》らしい小屋だった。中に入ると、暖房のない五メートル四方ほどの部屋の片隅に、先の脱走兵を含む三人がぐったりと座り込んでいた。

　斎藤さんも腰を下ろして壁に凭《もた》れたが、あまりにも寒くて耐えられない。手足の先に強烈な痛みが走る。とてもではないが、じっとしてはいられないと、斎藤さんは営倉内で「駆け足」を始めた。腹は空いていたが寒さには耐えられず、時々、休憩しながらも二、三時間ほど「駆け足」を続けた。すると、毎晩一〇時に鳴る工場のサイレンが聴こえてきた。

(まだ一〇時か。このまま朝までここに居たら、凍え死ぬかもしれない)

そう感じた斎藤さんは、一計を案じた。気絶を装ってその場に倒れ込んだのである。営倉の三人が、

「分隊長が倒れた！」

などと大声で叫び、間もなく当番兵がやって来た。斎藤さんは隊長室に運び込まれ、衛生兵の診断を受けた。衛生兵は、

「熱は無いようですが、脈が速いので危ないかもしれません」

と吉村に報告した。端無《はしな》くも「駆け足」の影響で、脈拍が乱れていたのが幸いしたのである。

斎藤さんの仮病は奏功し、普段の自分の寝場所に戻ることができた。

だが、絶食の処分はその後も続けられた。絶食が始まって二日目の夕方、斎藤さんは周囲の眼を盗み、覚束ない足取りで医務室へと向かった。日本人軍医に事情を話すと、奥の部屋へと通された。するとその軍医は、鍋の底に残っていた飯を、食器に盛って出してくれたのである。

「早くこれを食え」

地獄に仏だと思いながら、咀嚼《そしゃく》と嚥下《えんか》を繰り返した。

その翌日も朝、昼と続けて食事を抜かれた。石切り作業を終えて収容所に戻ったが、もはや限界であった。隊長室に赴き、吉村に頭を下げて許しを請うた。こうしてようやく絶食処分は

解かれた。屈辱であったが、生きるためにはやむなきことであった。

取材の間、斎藤さんはかつての隊長のことを「吉村」と呼び捨てるか、もしくは「あいつ」という言葉を使った。斎藤さんの感情が、そんな口吻《こうふん》に尽くされていた。

斎藤さんは「暁に祈る事件」については、こう語る。

「収容所から使役に出る時、営門の脇の木に縛られている兵の姿を私も実際に見たことがあります。その姿は、確かに『暁に祈っている』ようにも見えました。ソ連人やモンゴル人にやられるのならともかく、日本人が日本人に対して行っているのですから、本当に哀しくて悔しい思いをしました」

心の痛手から発せられる疼《うず》きとの葛藤のごとく、声音に深刻な悲嘆が宿る。

「朝、起きると隣の者が冷たくなっているということもありましたね」

老翁の顔に寂寥《せきりょう》の色が挿す。

「それに引き換え、吉村はいつも暖かそうな毛皮を着て、身体も肥えて太っていました。もう亡くなっている人のことをとやかく言うのは良くないかもしれませんが、私はやっぱりどうしても〈あいつ〉を許せません」

戦後の裁判の際には、斎藤さんも法廷に立って証言をした。現在（取材時）、八八歳になる斎藤さんは、取材中に何度も「恨み骨髄」という表現を口にした。

そんな吉村だが、彼のことを「抑留以前は分別のある人だった」と回顧する人も多い。元々は酷薄な厳罰に偏執するような気質ではなかった彼も、先の見えない幽閉生活の中で心の理非の均衡を乱し、次第に変節していったのかもしれない。そう考えると、この吉村という人物も、愚かしいというより、むしろ憐れむべき存在とも言える。

§

同じ国の者同士に軋轢《あつれき》が生まれる一方、日本人とモンゴル人との間で心を通わす場面もあった。ウランバートルの郊外に位置するフジルブラン収容所の所長を務めていたS・シャラウは、日本人と緊密な関係を築きながら、日々の指示を出していた。日本人たちと共同で辞書を作製し、相互の意思疎通を図った。

日本人に課せられた労役は、収容所から三〇〇メートルほど離れた場所にある煉瓦工場での作業だったが、気温が零下三〇度を下回った日には仕事を中止させた。日本人からは切に感謝され、戦後、少なからぬ抑留者たちがシャラウのことを「恩人」と呼んだ。

§

日本への「引揚げ」が叶う日が訪れたのは、一九四七年一〇月のことである。約二年間にわたる異域での抑留生活の終焉《しゅうえん》が、ついに告げられたのであった。

列車が二年前とは逆方向に向かって走る。車輌は往路と同じく古い貨車であったが、中央にはストーブが置かれ、身体を横にすることも可能だった。床の一隅に穴が開けられており、そこをトイレとして使用することができた。だが、そんな帰還の途次にも、結核を患っていた者などが、精根尽き果てて逝った。

やがて、列車は港町であるナホトカに到着。港では、シベリアからの帰還者たちが、「スターリン元帥閣下万歳」「天皇制打倒」などと大声で連呼していた。シベリアの収容所における激しい思想教育の結果である。「インターナショナル」「赤旗の歌」といった労働歌も合唱されていたが、モンゴル抑留者たちはそのような歌の詞も知らない状況だった。モンゴルではシベリアとは異なり、思想教育はほぼ行われなかった。モンゴルから引き揚げて来た者たちは、目の前の日本人たちのあまりの変質ぶりに、ただ唖然とするばかりであった。

港の近隣に設けられた収容所で数日を過ごし、「民主教育」という名の思想教育や、人民裁判などを経た後、引揚者たちは順番に乗船していった。

ナホトカ港を出航した船が、日本本土へと迫る。モンゴル抑留者を乗せた引揚げ船の多くは、函館港が受け入れ先となった。やがて祖国の大地が眼前に現れると、ほとんどの者は涙を堪えることができなくなった。故郷へ帰れるという歓喜の横溢と共に、モンゴルの荒涼とした大地に斃れた同胞たちの奥底の知れぬ無念を、誰しもが改めて感じ入ったためである。

幽閉の街を歩く

ウランバートルの中心に位置するスフバートル広場の周囲を歩けば、かつて日本人抑留者たちが血と喘《あえ》ぎの代償として築いた建物が次々と眼に入ってくる。広場の西側を走るスフバートル通りに面した場所には、三階建ての市役所が建っているが、これも日本人抑留者の手によるものであり、完成時は外国人向けのホテルであった。同じ通りに映画館として造られた建物は、現在は証券取引所となっている。

広場を挟んだ向かい側に建つオペラ劇場は、イオニア式の列柱を配した瀟洒《しょうしゃ》な外観だが、これはモスクワの劇場の建築様式を模したという。広場の周囲に主要建造物を並べて配置するという街のつくり自体も、ロシアの手法そのものと言える。オペラ劇場の入口に続く階段には、平らな長方形の石が敷き詰められているが、この中には斎藤さんが切り出したものも含まれているかもしれない。

しかし、このような「捕虜が作った首都」という事実は、社会主義国家において一つの密事とされ、日本人俘虜に関する様々な公式文書が公開されるようになったのは、一九九〇年の体制崩壊以降のことである。

§

ウランバートルの中心部から北東に一五キロほど離れたところにあるダンバダルジャーという地を訪れた。「山の病院」と呼ばれたアムラルト捕虜収容病院がかつてあった場所である。院長こそソ連人であったが、日本人の軍医や衛生兵も勤務したこの病院には、モンゴルの各収容所から重患が搬送され、その入院患者の数は最大で一〇〇〇人を超えたという。

三階建ての建物は、現在は廃墟となっている。窓ガラスは割れ、玄関には闖入者《ちんにゅうしゃ》を拒むための煉瓦が堆《うずたか》く積まれていた。しかし、路上生活者たちが一階の窓から勝手に入り込み、寝床として使っているという。

搬送者の中には、この病院で落命する者も多かった。そうした死者を埋葬するため、病院の裏山に日本人用の墓地が設けられた。日本人側からの強い要請の結果、埋葬地の確保が許されたのだという。

軟らかな土を踏みしめながら丘陵地帯を上って行くと、山の中腹の一角にコンクリート製の立派な慰霊碑が見えてきた。この碑を管理しているバーダイ・ネルグィさん（五〇歳。取材時）は、こう語る。

「病院で亡くなった日本人の遺体は、長くこの地に埋葬されたままとなっていましたが、一九九四年から一九九七年にかけて、土を掘り起こして遺骨を収集し、日本へ還す事業が行われました」

この遺骨送還事業は、モンゴル赤十字社と日本の厚生省（当時）などの共同で実施された。モンゴル赤十字社の職員であったネルグィさんは、この事業の担当となった。

「土を掘ると、次から次へと骨が出てきました。少しの骨も残さないように、作業は丁寧に行われました。目の細かな篩《ふるい》に土をかけて、少しの欠片《かけら》も見逃さないようにやるのです。一体が揃ったらその奥、というように順々に掘り進めました。一人でも還れない方がいたら可哀想だという思いでした」

掘り起こされた遺骨の数は、実に八三五柱にも上った。遺骨はこの地で丁重に荼毘《だび》に付された後、日本に送還された。彼らの帰国は、ここにようやく果たされたのである。

遺体の埋葬されていたこの場所に慰霊碑や記念堂などが建立されたのは、その後の二〇〇一年である。

ネルグィさんに改めて周囲を案内してもらう。慰霊碑の前には円形の広場が設けられ、その地を囲むようにして巡らされた壁には、桜を描いたレリーフが嵌《は》め込まれている。ネルグィさんから手渡された線香を慰霊碑に供え、凡愚の我が身といえども蕭然《しょうぜん》と両掌《りょうしょう》を合わせた。

怨みの雪がわずかばかりでも解けるよう。

辺りを見廻せば、小高く隆起した丘の上で、牛や馬などが草を食《は》んでいる光景が目に入る。家畜らは悠然とした様子に見えるが、各々の命脈を保つために懸命であるようにも映る。その脇には、モンゴルの移動式住居であるゲルが、月下美人の白い花のごとく点在していた。

発掘作業時に撮ったという写真を、ネルグィさんに特別に見せてもらった。数多《あまた》の髑髏《しゃれこうべ》が寂《せき》寞《ばく》と並んでいる。咳一つできない髑髏たちは、いずれも大きく目を見開いているようにも感じられる。眼球なき視線に射竦《いすく》められる。

眉間に深い縦皺《たてじわ》を刻みながら、ネルグィさんが口を開く。

「忘却してはいけない歴史です。もしも忘れたら、犠牲者たちの魂は悲しみ、その無念は永遠に晴れません」

寥々《りょうりょう》たる野面《のづら》を、すすり泣きのような音を立てて透明な風が吹き渡る。埋もれし過去の無窮の侘《わび》しさを思う。

山裾からは、蒼き虚空の下に拡がるウランバートルの雑多な街並を遠望することができる。

この風景は、この地で命を落とした日本人抑留者たちの遺作である。
ウランバートルという名画は日本人が描いた。

第九章

敗戦の責任は何処に有りや

——肥田武中尉が示した魂魄の行方

風強き浜にて

敗戦の日から数えて八日目、昭和二〇年八月二三日、午前一〇時頃のことである。

陸軍航空技術中尉である肥田《ひだ》武《たけし》は、民家の軒の連なる小路を抜けて、海岸線の方角へとゆっくり歩を進めていた。後ろに二人の部下を連れている。

彼の足取りに普段と変わった様子はなく、その姿をたまたま目撃したという住民が後に残した証言に拠《よ》ると、

「ただ散歩としか見えなかった」

ということになる。三人はその道すがら、談笑さえしていたとされる。

ロイド眼鏡をかけた肥田の顔は、よく日に焼けていた。もとより細面《ほそおもて》の彼の頬が多分に痩《こ》けていたのは、劣悪な食生活が齎《もたら》した結果である。

手には紫色の袱紗《ふくさ》を持っていた。

二四歳の青年である肥田の視界に、やがて鬱蒼《うっそう》とした老松の青緑色が見えてきた。砂浜に沿って伸びる松林からは、荒々しい日本海の海原と、能登半島の畳々《じょうじょう》たる山並みを望むことができる。

この地域には、季節を問わず蒼海《そうかい》から強風が吹く。幾層もの透明な潮風の淵は常に鋭く、表

も裏も無いその行跡は、どことなく無愛想に映る。

白砂の多い浜辺は、この風によって頻《しき》りに砂塵《さじん》に煙る。当然、波の丈も高い。激した調子の白い波頭は、狂った闘士の所作にも似ている。

松林は防風と防砂の機能を果たしている。強い風に対して、しなやかに梢《こずえ》を撓《たわ》ませて遣り過ごすその姿は、剛か柔かという強さの概念の所在を考えさせるのに充分な光景と言えるが、この時に留意すべきは、目に見えぬ地中における細やかな根の拡がりである。彼らの揺るぎなき堅牢《けんろう》な姿勢が、すべての秩序を支えている。その姿は宛《さなが》ら、人間社会の成り立ちをも連想させる。

微細な砂の混じる浜風の群れに吹かれながら、肥田はそれまでの流転の日々を思い出していた。

（敗戦の責任は軍人にあり）

彼は折目正しい挙措《きょそ》で膝を折り、松の木の下に座した。軍服姿の肥田は、両手に手套《しゅとう》を着用している。

やがて彼は、軍服のボタンを外して胸を開《はだ》けてから、袱紗包みの中より短刀を丁重に取り出した。そして、やおら刀身を鞘《さや》から抜いたのである。

剝き出しになった鋼が、夏の大気の中で妖艶な煌《きら》めきを放った。

§

肥田武は滋賀県彦根市に生まれた。本籍は「滋賀県彦根市巽町一〇二番地」である。

父親の鎮夫は陸軍歩兵科の士官で、最終的には大佐にまで昇進した人物である。昭和一三年、鎮夫は同志社高等商業学校に配属将校として着任し、非常時における軍人精神の意義を在校生に説いた。そんな鎮夫の愛息である武は、その名の通り、国を護る武人の矜持《きょうじ》を教えられながら育った。

武は京都高等工芸学校の機械科に入学した。武は同学科において、最先端の機械の設計や、施工に関する知識を体得した。

昭和一八年、肥田武は同校を卒業。その後、見習士官として東京都立川市の陸軍航空技術学校に入り、陸軍航空技術少尉となった。そのまま、立川航空工廠《こうしょう》に配属される。

しかし、戦況が劣勢となる中で、立川市への空襲が激化。この事態を受けて、立川航空工廠はやむなく石川県金沢市へと移転した。さらにその後、金沢市の郊外に分散して疎開するかたちで生産活動を続けることとなった。

昭和二〇年、肥田は分工場長として、石川県河北《かほく》郡七塚町《ななつかまち》木津区に設けられた「遠田工場」に着任。正式な所属は「陸軍航空工廠金沢製造所」である。航空工廠時代より育成してきた三〇名ほどの少年工員たちを連れての赴任だった。

能登半島西岸の付け根の辺りに位置する七塚町は、江戸時代には能登と加賀を繋《つな》ぐ街道筋の宿場町として栄えた地域である。

町の中心部には住居が密集していたため、土地に充分な余裕がなく、海岸線の近くに新たに建てられた二階建ての工場も、比較的こぢんまりとした造りだった。

工場での主な生産物は、航空機の部品である。米軍の本土空襲が激しくなる中で、これを迎え撃つべき航空戦力の不足は、日本にとって深刻な問題となっていた。一機の航空機の欠如が、民間人への甚大な犠牲に繋がるかもしれない。肥田は目の前の生産活動に全力を傾けて没頭した。工員たちは二部制で働いたが、監督者である肥田は休みなく工場に詰めるような状態だった。

肥田の宿舎として、工場の近隣に位置する光源寺が宛てられた。浄土真宗本願寺派に属する光源寺は、およそ四〇〇年もの歴史を持つ由緒ある寺院であった。

当時、光源寺の住職だった一二三《ひふみ》尽了《じんりょう》は、肥田について後にこう綴っている。

〈任務に精励する事言語に絶し、昼夜兼行で休養の暇なき有様でした。宿主たる私は健康を損

わんことを思い今少し休養の時間を持つよう、再三にわたり勧告したけれど「倒れるまでやります」というだけであった〉

工員の数は、現地での合流組を含めると総勢で一〇〇名以上にも及び、その大半は一〇代の若者であった。肥田に対する工場内での信頼はすこぶる厚かった。肥田は工員たちの給与から衛生問題まで、真摯に対応した。

その結果、金沢の本廠からの要望を上回る生産成績を達成した。誠実で真面目な人柄の肥田は、附近の住民たちからも親しまれた存在であった。

一二三住職の五女である勢気子《せきこ》さんは当時、まだ五歳であったが、戦時中の記憶を断片的に留めている。

「何人もの兵隊さんがお寺で暮らしていたのを覚えています。台所に大きな囲炉裏があったのですが、そこに鍋をかけて何かを掬《すく》って食べている姿などが記憶にあります。ある時、『団子汁を作っていたら、団子が溶けてしまった』なんて兵隊さんたちが騒いでいたことがありました。いつもではありませんが、賑《にぎ》やかな時もあったんですよ」

勢気子さんが続ける。

「兵隊さんたち同士は、互いに渾名《あだな》で呼び合っていたんです。その中の一人に『サヌキ』と呼ばれている方がいましてね。それを聞いた私は『タヌキの間違いじゃないか？』と親に聞いたんです。親からは『讃岐《さぬき》という地方の出身の方だよ』と教えられました」

「肥田さんについての印象はありますか？」

「肥田様は偉い方でしたから、お一人で寺の『離れ』で寝起きしていました」

「どんな方だったのでしょう？」

「眼鏡をかけていて、姿勢が凄く良かった印象があります。軍人さんといっても、怖いとか厳《いか》めしいというような雰囲気では全くなかったですね」

「離れ」に居る時の肥田は、住職に薦められた仏教書を読んでいることが多かったという。

模擬原爆の投下

本土への空襲は日を追うごとに苛烈さを増した。金沢市は空襲を免れていたが、七月に入ると近隣の富山市が標的となった。

あまり知られていない事柄であるが、同月二〇日には「パンプキン爆弾」と呼ばれる三発の「模擬原爆」が富山市に投下されている。この爆弾は、核物質は積んでいないものの、後に長崎に使用される「ファットマン」とほぼ同一の形状と重量に造られており、投下後の弾道特性などのデータ収集を目的として製造された。つまり、乗員の訓練も含めた「原爆投下への準備」として、この日の空襲は行われたのである。

さらに八月一日、富山市はその市史において決して忘れられない夜を迎えることになる。米軍機が富山市の上空に姿を現したのは、同日午後一〇時頃である。しかし、この時の編隊は、そのまま上空を通過した。これらの爆撃機は、新潟県長岡市の空襲に参加したと推測されている。

富山市民が安堵《あんど》して寝静まった午前零時頃、空襲警報が忽然《こつぜん》と夜の静寂を破った。その直後、一七四機ものB29爆撃機が、焼夷弾《しょういだん》の雨を降らせ始めたのである。

米軍機はまず市街地の周囲を猛火で囲み、内側の住民の逃げ道を塞いでから、絨毯《じゅうたん》爆撃を敢行した。国際法で禁じられている「民間人への計画的な虐殺」と言える。

およそ二時間も続いたこの「富山大空襲」により、市街地の実に九九・五％が焼失。二七三七名が犠牲となった。この数字は、人口一〇〇〇人あたり一七人もの死者が出た換算となり、これはこの時期に行われた地方への主な空襲の中でも最多の割合となる。「原爆投下を除いた地方都市への空襲としては最も被害が大きかった」と称される所以《ゆえん》である。

肥田のいる七塚町からも、直線で五〇キロほど離れた富山市の上空が、朱に染まるのが見えた。

その後、空襲の罹災者が七塚町にも逃げ延びて来た。光源寺でも彼らを収容したが、肥田はこの時に富山市の壊滅的な被害をつぶさに聞き、狂おしき憤懣《ふんまん》に苛《さいな》まれたのである。

空襲の二日後、肥田はとある人物のもとを訪れた。その人物とは、地元の漁業組合「北浦漁業会」で会長の役職にあった遠塚谷衛《とおづかたにまもる》である。戦後に七塚町長を務めることになる遠塚谷は、もとより町の名士であり、肥田とは日頃から懇意にしていた。肥田は年上の遠塚谷のことを気さくに「小父《おじ》さん」と呼んでいた。肥田は遠塚谷にこう言った。

「あの富山爆撃を見て、工員も私も皆、泣きました。日本には飛行機が足りないからです」

肥田は悲痛な表情を浮かべていた。肥田は、工場の窓に板を打ち付け、光が外に漏れないようにして、不眠不休の体制での作業を始めたという。

しかし、時は真夏の八月であり、通気を失った工場内は、茹《ゆ》でられるような熱気に襲われた。だが、工員たちは懸命に作業に取り組んでいるという。

肥田は遠塚谷への言葉を継いだ。

「しかし、食べ物が悪い故、続かぬと言っています。私もこれを一番心配しています」

食糧は本廠からの配給制となっていたが、これが常に不足していた。足りない分は、自分たちで補うしかなかった。

七塚町の地盤は主に砂丘地帯に相当し、大きな河川も無いため、稲作には適していない。大根やサツマ芋といった野菜の他、桃や葡萄《ぶどう》などの果物が穫れるが、豊饒《ほうじょう》な土地とは言い難かった。

その上、多くの軍人や疎開者たちが一挙に集まったことによって、七塚町は町全体が深刻な食糧不足に陥っていた。目下、食べ盛りであるはずの若い工員たちは、北浦漁業会から譲り受けた醤油《しょうゆ》の搾り滓《かす》で雑草を煮て、

「美味い、美味い」

と食べているような状況であった。

肥田の抱えていた最大の懸案は、まさにこの食糧問題だった。そして、肥田はこんな言葉を口にした。

「私の俸給全部を小父さんに提供しますから、工員にもう少し栄養を摂らせてください」

訴えかける肥田の瞳は、涙で潤んでいたという。

彼らの粗食については、遠塚谷も日頃より充分に理解していた。遠塚谷は、

「よろしい、それは及ばずながらも引き受けた」

と約束し、工員たちの食生活改善のために奔走することとなった。

遠塚谷は、地引き網による鰯《いわし》漁の漁獲の一部を工廠に寄贈することにした他、地域の住民からも食糧の寄付を募った。村人たちも自らの生活に余裕がない中で、沢庵《たくあん》や梅干しなどまで供

出したという。

敗戦にせる最大の原因は私にあります

しかし、このような努力の甲斐《かい》もなく、日本は八月一五日に敗戦。玉音放送を聴いた一二三住職は、友人宅を回ったその足で工場を訪ねた。肥田を含む軍の幹部たちは建物の二階にいたが、皆、玄々たる苦渋に顔を歪《ゆが》めていた。

だが、分工場長の役にある肥田は、悲嘆に暮れてばかりいるわけにもいかない。

肥田はこの日より、部下たちの復員業務や、工場の残務整理などの仕事に慌ただしく追われた。様々な事情によって故郷に帰ることを望まず、この地でこのまま働きたいという者が七名ほどいたが、彼らの就職先を見つけることに関しては殊更に力を注いだ。一二三住職の古い手記に拠れば、肥田は住職に対して、彼らの就職先の斡旋《あっせん》を懇願したという。

住職はこの申し出を快く引き受けた。そして、住職はこの時、肥田にこう問うた。

「あなたはどうしますか?」

肥田は簡潔に一言、次のように答えたという。

「決まっています」

住職はこの言葉の意味を計りかねた。住職の脳裡には咄嗟《とっさ》に「自決」という言葉が掠《かす》めるようにして浮かんだが、目の前の肥田がそんな深刻な表情にも見えなかったことから、自分の曲解だと思い直し、それ以上の質問はしなかった。

だが、その直後の二〇日、肥田は父親に一通の遺書を書き送るのである。住職の予感は的中していたのだった。

〈御父上様の御奮闘にも如何とも成し得ず、小生の敢闘も水泡と帰し無念の極であります。さぞ御落胆の事と拝察申上げます。小生又爆発せんとする苦痛を耐え、目下部下の最後の整理を急いでいます〉

同じく彼は、母親にも遺書をしたためている。

〈二十四歳の今日迄色々御心配ばかりかけまして申訳も御座居ません。私も武士の子、敵に解除せらるる程の腰抜刀は持ちません。敗戦にせる最大の原因は私にあります。誠の不足せる帝国軍人でありました〉

翌二一日と二二日の二夜に分けて、肥田は主な部下たちを光源寺の自分の居室に集めた。別れの宴の席を設けたのである。無論、ささやかな夜宴ではあったが、工員たちは肥田の心遣いが嬉しかった。彼らが披露する浪花節などの余興に、肥田も相好を崩した。

己が心中に秘めている決意については、周囲に微塵《みじん》も感じさせなかった。愉しそうに笑う肥田の様子を見た住職は、先日の「決まっています」への疑念が、やはり自らの思い違いであったことを確信して愁眉を開いた。

こうして運命の二三日となる。午前八時頃、肥田のもとに来客があった。住職がこれを取り次いだが、肥田は、

「少し頭が痛いから、後ほどにしてもらいたい」

という旨の返事をした。これを聞いた訪問客は、すぐに帰って行った。

法務のあった住職は、間もなく寺を後にした。

緋色の氾濫

肥田の手にしている短刀の刀身が、木漏れ日の中で赫奕《かくえき》と照り返している。磯馴《そな》れ松の間を抜けた浜風が、絹目のごとき刃文《はもん》を渡る。

彼は今まさに、生涯における一つの閾《しきみ》を踏み越えようとしている。柄《つか》を握る指の節々に力が漲《みなぎ》った。二人の部下が息を呑んで、肥田の所作を見つめている。

直線的な移動の結果として、鋭利な鋒《きっさき》が辿《たど》り着いた一点とは、それを持つ者の左下腹部であった。突き立てられた刃先は、腹部に巻かれた白い木綿を容易《たやす》く貫き、そのまま内部へと侵入した。皮膚、筋肉、腹膜を裂いた刃は、みるみる鮮紅に塗《まみ》れる。切断された無数の管から流れ出た緋色《ひいろ》の液体は、凝固する間もなく淋漓《りんり》として滴り、砂地に数多《あまた》の斑点や模様を描いた。時の経過と共に、それらの面積は拡がっていく。生命の秩序に罅《ひび》が入れられた帰結である。

古来、日本の武士たちは、腹部に霊魂や愛情が宿っていると考えた。その場所を割くことによって、己の思う過ちを謝し、恥を雪《すす》ぐのである。

彼が割腹という決断に至った土壌には、敬愛する父親から幼少時より教授された武士道の存在に加えて、富山大空襲の惨劇への呵責《かしゃく》があったように思える。

腹を切っても、人間の命はただちには絶たれない。だからこそ、介錯人《かいしゃくにん》を伴うのであるが、肥田はここで尋常ならざる行動に出た。彼は腹に刀の刺さった状態のまま、

「ああ、忘れていた」

との言葉を咽喉《いんこう》の深部から吐き、軍服のポケットから三枚の一〇〇円札を取り出して、介錯を頼んである二人の部下に対し、以下のように続けたのである。

「これを光源寺の住職に渡してくれ。種々、お世話になった。御灯明料《おとうみょうりょう》だ」

彼の意識は、まだ充分に繋ぎ留められていた。

渾名で「カバロク」「チョウザ」と呼ばれていた二人の介錯人は、あまりの光景にたじろぎながら、その紙幣を恭しく受け取った。

肥田の手が柄へと戻る。やがて、握っている短刀が思うように切れないと判じた彼は、名刀「粟田口《あわたぐち》」を新たに手に取って、重ねて自腹に突き刺した。

強い意志によって押し付けられた刀は、そのまま一文字に右へ三寸ほど引き廻された。三寸はメートル法で言うと約九センチ。血潮は前方に四〇寸ばかり迸《ほとば》しった。およそ一メートル二〇センチである。精妙な研磨の施された名刀は良く切れた。口から熱い息が漏れた。

やがて、肉体の裂け目から腸が溢れて露出した。身体の内側で保たれていた重大なる規律と機構が、もろくも崩れ落ちていく。それまで皮下に蔵されていた生命の匂いが、刻々と周囲に漂った。

体力的に実践が困難とされる「一文字腹」の完遂である。すべて古式に則った切腹だった。

怯《ひる》んだ二人の介錯人は、身体の自由を半ば失って、思わず後ずさりした。そんな二人を肥田は呼び止め、

「早くしろ」

と荒い呼吸の中で発した。二人はそこでようやく我に返り、決心を固めて、一振りずつ太刀を浴びせた……。

以上の主な描写は、介錯を担った二人が後に周囲に伝えた言葉と、現場で遺体の検屍《けんし》を行った医学博士の竹内養の記述に基づく。竹内の家は、七塚町で何代も続く医者の家系であった。

竹内は肥田の死について、こうも記している。

〈遺体の顔貌、四囲の砂等より察するに全く苦悶《くもん》の跡を留めず全く帰するが如く死亡したものと認めた。検屍に際し全く頭を垂れしむるものあり、思はず「御見事」の一言を発せしめたり〉

肥田の自決の報は、ただちに光源寺に伝えられた。

住職の五女であり、戦後は長く同寺の坊守《ぼうもり》を務めた勢気子さんは、この時の喫驚を覚えている。

勢気子さんは寺の境内《けいだい》で「おままごと」をしていた。その時、寺に若い男性が駆け付けて来て、住職である父に何やら告げた。その時、父は、

「なにいっ」

という異様な大声を張り上げたという。今でも勢気子さんは、その声の質感を鼓膜に留めているが、それには以下のような理由がある。

この辺りは昔から半農半漁の村であり、しかも前述したように殊に風の強い地域であった。こういった条件の土地では、住民たちの声が総じて大きくなりやすいという傾向が知られている。さらに、この七塚町では機織《はたお》りが盛んで、町中に「ガシャンガシャン」という音が絶えず響いていたため、人々の声量がより増すのは必然であった。町には「他の地域から嫁いで来た花嫁は、この地の住民の声の大きさに驚く」という話が今も残る。勢気子さんが言う。

「そんな町でしたが、実は私の父は大きな声を出すような人ではなかったのです。子供にも怒鳴ったりしない父親でしたから。ところが、その父が突如として、今までに聞いたこともないような大声を張り上げたので、それで覚えているんです」

時刻は正午を少し過ぎていた。住職は「しまった」という後悔の念を胸中で反芻《はんすう》しながら、現場へと走った。

その途次、住職は一人の兵隊と出会った。その兵隊は、肥田の介錯を担った二人の内の一人であった。住職はこの時、血の付着した三枚の一〇〇円札を手渡され、事の顚末《てんまつ》の逐一を知るに及んだ。

程無くして現場に到着した住職は、変わり果てた肥田の体軀《たいく》を認めた。住職も、検屍役の竹内が後に書き記したのと同様、遺体の周りに悶《もだ》えたような跡が一つもないことに胸を打たれた。以下は住職の手記中の一文である。

〈出来得る限りの自己が責任を尽して往った姿は、我が国の古武士の典型的な風格を感ぜしめられました〉

明治維新により、日本には「侍」がいなくなったとされる。しかし、髪型や服装は違えども、先の大戦までは間違いなく存在したのである。

町内で製材業を営んでいた松本幸吉は、自決の一報を聞いて居ても立ってもいられず、終焉の地に馳《は》せ参じた。松林には、すでに人の垣が出来ていた。松本はこの時の現場の様子を、こう書き残している。

〈落葉かく田婦、耕畑の野人と云えども集れるものにして号泣せざるはなし〉

松本は声を発すること能《あた》わず、ただ遺体に敬礼したという。

敗戦後に割腹自決した軍人としては、陸軍大臣だった阿南惟幾《あなみこれちか》や、海軍中将の大西瀧治郎《おおにしたきじろう》らが有名である。しかし、彼らのごとき名の聞こえた高級軍人以外にも、自らの身を処した無名の軍人が確《しか》と居たのである。

日本的責任の取り方

肥田が父親に書き送った遺書については先に紹介したが、これには実は続きがある。

〈部下も皆よく仕事をしてくれまして、私としても思い残す何事もございません。私は部下を故郷に帰しましてから腹を切って日本武人の面目に従います。（略）日は八月二十五日夜と考えています。私は平静にして何等弱き心より発せるものではありませんから、その点ご安心下さい〉

決行の日時が「八月二五日夜」から「八月二三日午前」に早まった理由については一点の疑問が残るが、それはともかく、彼が最後に使っている「平静」という言葉が波紋のような印象を残す。

肥田の割腹に関して、当世の我々が「何もそこまで」といった言葉で語ることにどれだけの意味があるだろう。「戦争はもう終わったのだから」「敗戦はあなただけの責任ではない」「悪いのはもっと偉い連中だ」。いかようにも言えるであろう。

もちろん、「生き残って戦後の復興を果たすことこそ本当の責任の取り方だ」という考え方もある。事実、そういった思いで一心不乱に働いた戦前戦中派のおかげで、日本の高度成長は実現された。

しかし、その一方、戦後の論壇では、肥田が示したような価値観は、「軍国主義」の一語で片付けられ、過剰な「軍人蔑視」の趨勢《すうせい》の中で、「狂気」と見られることも少なくなかった。蓋《けだ》し、そのような態度をとらぬとしても、「可哀想」といった憫察《びんさつ》にのみ引き摺《ず》られて理解する向きは根強かった。だが、肥田自身が遺書の中で「平静」という言葉を選んでいるように、彼の行動の本質とは、哀れみの一点からだけでは解することができない。彼の「平静」を「偽りの平静」と評するような尤《もっと》もらしい見解が、どれだけの倨傲《きょごう》と残酷を秘めていることか。

仮令《たとい》、屠腹《とふく》という肥田の行為を闇雲に誇張したり美化する必要はないとしても、彼の身の処し方に、今を生きる我々が喪失しかけている日本人としての精神の健全性を見出すことは、決して無意味な思索ではあるまい。いわんや、それは「右傾化」「偏狭なナショナリズム」といった雑駁《ざっぱく》な理《ことわり》にも当てはまらない。むしろ薄れゆく「日本的精神」の淵源《えんげん》に対する回復への自然な衝動として捉えるほうが、よほど屈折なき観点であろう。狭隘《きょうあい》な個人主義を脱し、高い倫理観を潔しとしてきた日本古来の態度への回帰は、我々の魂の奥処《おくか》に住まう真情の表出に外ならない。

「責任を取らない政治家」とは連日のように耳に入る表現だが、政治は国民の民度の反映である。このような現状からの克復を真に求めるのであれば、立ち返るべきは日本人としての「核」以外に無いであろう。

それは、肥田の流した血の中にある。

§

検屍の結果、肥田の死亡が正式に確認されたのは、同日の午後一時頃である。その後も検屍の作業が長引き、光源寺に遺体が運ばれたのは夕刻であった。

その夜には、金沢市の本廠から上官や同僚らが集まって通夜が営まれた。

翌二四日、光源寺にて内葬。二五日に金沢大谷派別院にて本葬が行われた。肥田の死は、あくまでも戦死として扱われ、葬儀も戦死者に対する礼式に則ったかたちでの部隊葬となった。

法号は「至誠院釈純武居士」

さらに、地域の住民たちも異例の町民葬を自発的に催して、国に殉じた一人の青年将校の御《み》霊《たま》を懇《ねんご》ろに弔った。彼の生前の人となりと、その生涯の閉じ方に、多くの者が畏敬を感じ、心を激しく揺り動かされた結果である。

然《しか》も、町民たちの行動は、これに留まらなかった。

生前の肥田を知る有志らが集まり、自決の場所に慰霊碑を建立しようという動きが起こったのである。前述の松本幸吉もその一人であったが、彼の言葉に拠れば「壮烈鬼神を泣かしむる純忠の士に対する礼ならずや」との思いであったという。

一二三住職や、「小父さん」こと北浦漁業会会長の遠塚谷らが中心となって、計画は本格的に始動した。建立に掛かる費用には、血染めの一〇〇円札も当てられた。そして住職の、

「碑よりも塚だ。それが良かろう」

との一言により、塚として建立されることとなった。

塚の名前は、親しみを込めて「肥田様塚」と名付けられた。同年一一月三日の明治節に塚供養が行われ、軍の元関係者から地元の住民に至るまで、多数の人々が参列した。塚の周囲の松の間には、若桜が植樹された。

以降、肥田の命日には毎年、塚の前で供養が行われ、追慕の情が示されてきた。

肥田様塚のそれから

光源寺は今も当時と変わらぬ場所に建つ。庫裏《くり》には改築が施されているが、戦時中に肥田が起居していた「離れ」は、戸や障子が直されたくらいで、部屋自体は当時のままだという。

自決の直前に催された「工員たちとの別れの宴」も、この場所で行われた。勢気子さんが語る。

「離れは二間あります。当時は、松の木で造られた寝台が置かれていて、肥田様はそこで寝ていたはずです。その寝台は、自決後には境内に出されていましたが、『肥田様の寝台』と呼ばれておりました」

一間は一〇畳の間取りで、奥の部屋には立派な絵屏風《えびょうぶ》が置かれている。聞けば、勢気子さんの祖母が嫁入りの際に持参したものだというから、肥田が寝起きしていた時にも飾られていたと思われる。近隣の津幡《つばた》町の出身で、幕末から明治にかけて活躍した絵師・池田九華《きゅうか》の作であるという。

肥田も目にしたであろう屏風の図柄は、二本の松の木の下で、仙人たちが憩うている場面である。棚引くような崇高さの中に、温もりのある穏やかさが、そこはかとなく融《と》かし込まれている。

奇とすべきは、松林で自刃《じじん》して御霊となった肥田の光景と、何やら妙に符合する点である。これは単なる偶然か、それとも予言めいた暗示の絵の所為《しょい》か。あるいはこの絵を目にした肥田の胸中において、意識的か否かは別にしても、何かしらこの構図に感応した部分があったとしても不思議ではあるまい。

§

有志らによって建立された肥田様塚だが、現在は当初の場所には存在しない。昭和五〇年代の半ば、自動車専用道路である能登有料道路の建設に伴い、塚の移転を余儀なくされた結果である。現在では、海岸線に沿って走る道路の内陸側の傍らに塚は建っている。

塚から碧海《へきかい》を見渡そうとすると、眼前に鼠色《ねずみいろ》のアスファルトが立ち塞がる。戦後日本の社会の有り様を極めて具体的に示す縮図のような光景である。歴史の重みを忘れ、衆生《しゅじょう》の優先順位を根底より間違えた末の景観だとしか言いようが無い。

光陰が淡々と辷《すべ》り去っていくのと共に、死者への記憶は遠くなり、命日の供養も数年前より絶えた。塚の周囲は寂れているのが現状である。

黒御影石《くろみかげいし》製の塚の南面には、

身はたとえ　荒磯浜に　朽ちるとも
我魂魄《こんぱく》の　すごみをぞ知れ

という肥田の辞世が彫り込まれている。表裏を成す北面には父・鎮夫の一首、

名も物も　何も求めず　荒磯に
吹く浜風と　ともにゆきしか

が添えられている。息子に対する返歌と捉えることができよう。

さて、自決の折、肥田に悶えるところが無かったというのは、おそらく真実である。しかし現今、在天の彼は、恰《あたか》も浮薄な糸瓜束子《へちまたわし》のごとき形状となってしまった祖国の迷走を深く嘆き悲しみ、許容し難い憂愁に閉ざされながら、強烈に悶えているのではないか。

塚を眺めながら、そんなことを遣る方なく朧《おぼろ》に沈思していた時のことである。私の耳朶《じだ》に向かって、聞いたことのないはずの肥田の吠えるがごとき声が、ゆくりなく迫って来るような感覚を忽如《こつじょ》として受けた。不意を衝かれた私は、呆然《ぼうぜん》と周囲を見廻した。両の瞼《まぶた》が、ぴくぴくと

勝手に動いた。

しかし、その澄明なる声音は、潮香を含んだ風によって、儚《はかな》くも一瞬にして吹き飛ばされたようであった。

風が声を掻《か》き消す町での話である。

第一〇章

台湾で神になった日本人兵士

――台南市・飛虎将軍廟を護る人々

鳳凰が羽ばたく街

南下する列車が北回帰線を越えた。

日本の新幹線の車輛技術が導入された「台湾高速鉄道」が、ダイヤ通りに嘉南《かなん》平野を駆けている。この路線の開通により、台北市から台南市までの移動時間は、二時間を切るまでに短縮された。

台南市の郊外に「日本の軍人を祀《まつ》った廟《びょう》がある」という話を聞いた私の胸中に、それまでの不明を恥じる気持ちと共に、漣《さざなみ》のごとき心境の揺らぎが生じたのは、取りも直さず極めて自然な感情の推移であったろう。その軍人とは「現地では有名人」であり、「学校でも教えられている」という。

台南市へと向かう列車の中で、私はまだ見ぬその謎めいた廟の姿を繰り返し黙想していた。

何よりも、

(その廟を如何《いか》なる人々が護っているのか)

という疑問が、私の内なる凡境に幾許かの高揚を波立たせていたのである。

§

台湾を代表する古都である台南市は、一七世紀から一九世紀にかけて、この島の治所であった。気候は一年を通じて温暖で、緯度による区分では「熱帯圏」に属する。

日清戦争後に締結された下関条約の結果、台湾は日本の統治下に入った。台湾の割譲を含むこの交渉の折、清国代表を務めたのは李鴻章《りこうしょう》である。この時、彼は台湾のことを「化外《けがい》の地」「難治の地」と評した。「文化が及ばず、治め難い土地」といった意味である。

そんな台湾の近代化に正面から取り組んだ日本は、産業振興を促すためのインフラ整備に努めた。

現在の台南市にも、日本統治時代の足跡が数多く残る。在来線「台南駅」の東側に国立成功大学という大学があるが、敷地内には日本時代に竣工《しゅんこう》した洋風の建築物がそのまま保存されている。

日本はこの街の街路樹に「鳳凰木《ホウオウボク》」という落葉高木を選んだ。その名前は、鮮やかな深紅に染まる花弁が「鳳凰の羽ばたく姿」を連想させたことに由来するという。

熱帯性のこの花樹は、枝葉が大きく伸びるため、広い木陰を生む。すなわち、蒸し暑い街中に憩いの場所が少しでも増えることを期待して、日本はこの木を街路樹として植えたのであった。

台南市は今も「鳳凰の街」という愛称を有している。

そんな街の中心部から五キロほど北西の方角へ向かった「大安街」という場所に、目的の廟はあった。

通称「飛虎《ひこ》将軍廟」と呼ばれるが、「鎮安堂　飛虎将軍」が正式な名称であるという。「鎮安」とは「鎮邪安民」の略であり、「邪気を鎮め、民を安心させる」といった意味にあたる。また、「飛虎」は「戦闘機」、「将軍」は「兵士」の尊称だという。

祀られているのは、杉浦茂峰《しげみね》という名の一人の日本軍兵士である。

台湾沖航空戦

杉浦茂峰は大正一二年一一月九日、茨城県水戸市にて生を享けた。父・満之助、母・たねの間に生まれた三男である。両親からは、深甚なる愛情を注がれながら育った。そんな家庭環境の温もりの成果であろう、杉浦は思いやりのある優しい少年に成長した。

長じて、杉浦は海軍飛行予科練習生に志願。通称「予科練」である。

兼ねてより「航空機戦」の到来を予測していた日本海軍は、若くて質の高い搭乗員の育成のため、昭和五年からこの教育制度を開始した。

「乙飛」と呼ばれた乙種飛行予科練習生となった杉浦は、霞ヶ浦海軍航空隊予科練習部での厳しい基礎訓練の課程へと入った。

搭乗員養成のための飛行教育といっても、実際に飛行機に乗れる機会はなかなか訪れない。まずは普通学や軍事学といった座学が中心で、その他には体力向上のための体育の授業も幅広く行われた。上官からの指導は常に峻烈《しゅんれつ》であったが、杉浦は忍耐強く自らの研鑽《けんさん》に努めた。

本格的な飛行訓練が始まったのは、予科練を卒業して飛行練習生教程（飛練）へと進んでからである。

やがて、一人前の搭乗員となった彼の赴任した先が、台湾の地であった。

戦争の進展に伴い、台湾は日本軍にとって「南方作戦の兵站《へいたん》基地」という重要な意味を持つようになっていた。

§

一方、マリアナ諸島の占領に成功した米軍は、次なる作戦として「フィリピンの奪還」を掲げた。米軍はフィリピン中部に位置するレイテ島への上陸作戦を策定したが、それに先立って周辺地域の制空権と制海権を確保するため、台湾から沖縄にかけて点在する日本軍の航空基地への攻撃計画を立案した。

昭和一九年十月五日、太平洋艦隊司令長官であるチェスター・ニミッツは、第三艦隊司令長官のウィリアム・ハルゼーに対し、

「台湾の軍事施設と港湾施設へ恒久的損傷を与えよ」

と命じた。

一〇月一二日、米海軍が誇る空母機動部隊の一つである第三艦隊が、台湾各地への大規模な空襲を開始。所謂《いわゆる》「台湾沖航空戦」の始まりである。米軍が台湾戦線に投入した航空機の総数は、実に一四〇〇機近くにも及んだ。

こうした大作戦の中で、台南市の上空にも多数の米軍機が姿を現した。同日午前七時一九分のことである。

兵曹長となっていた二〇歳の杉浦は、素早く愛機である零戦に乗り込み、敵機を迎撃するために勢いよく滑走路から発進した。杉浦の搭乗した機体は、「二号零戦」と呼ばれた零戦三二型である。

間もなく、壮絶な空中戦が始まった。

米軍機は約四〇機、それに対する日本軍の機体は三〇機ほどである。

台南市の郊外で、一人の老婦人にお話を伺った。空襲時、一六歳だったという呉成受さんは、

戦時中のことについてこう切り出す。

「この辺りも、当時は畑や田圃《たんぼ》の広がる長閑《のどか》な土地でした。私の家は農家でしたが、戦争中は米も贅沢品《ぜいたく》で、芋ばかり食べていました。その芋も、現在のように美味しいものではありません。もっと痩せた細い芋ですね」

現在、彼女は日本語をほとんど覚えていない。従って、通訳を介しての会話となったが、私の傍らで共に話を聞いていた地元の壮年男性たちが、

「日本語ができない？　勉強せずに遊んでばかりいたのですね」

と横槍《よこやり》を入れて彼女をからかう。呉さんは穏やかな苦笑を一つ鷹揚《おうよう》に浮かべてから、空襲のあった日のことに話題を転じた。

「その日、私は朝早くから友人たちと一緒に近くの畑に出ていました。鳥を追い払う仕事の手伝いです」

黒髪の老嫗《ろうおう》が「語り部」と化す。

「ところが、間もなく激しい空中戦が始まりました。とても驚きました。とにかく凄い銃声だったことを覚えています」

「日の丸」の塗装を施した戦闘機群は、その機敏性を活かしながらよく戦っていたが、数で勝る米軍は時間の経過と共に優位な戦況を確立しつつあった。

杉浦の果断

やがて、杉浦の乗った零戦も被弾。尾翼から火を噴いた機体の高度は、あえなく失われていった。黒煙を上げながら降下する機体は、まっすぐに「海尾寮」という名の大きな集落へと向かって落ちていった。

この時、その光景を見ていた現地の人々は、

(村が大変なことになる)

と瞬時に思った。集落に戦闘機が墜落すれば、多くの村人が巻き込まれて犠牲となるかもしれない。

さらに悪いことに、当時のこの地の家々は、竹などで造られた家屋が大半を占めた。焔《ほのお》が燃え広がれば、甚大な被害が発生するのは明らかであった。

杉浦の視界にも、何百戸という家屋の立ち並ぶ光景が、風防越しに映ったに違いない。

ただし、杉浦としてはまだ落下傘で充分に緊急脱出できるタイミングだった。

だが、彼はそれをしなかった。このまま機体が人家の密集地に落ちた場合に引き起こされるであろう惨禍は、彼にも充分に予期できたからである。

激しい振動の中で、杉浦は愛機をどうにか制御しようと懸命に試みた。推力を大きく喪失し

た機体は、操作性が極度に悪化している。そんな状況下でも、杉浦は操縦桿《そうじゅうかん》を握る両手に力を込め続けた。事態は寸刻を争う。

程無くして、村人たちは感嘆の声を上げた。戦闘機の軌道が明らかに変化したことに気が付いたためである。

何とか機首を上げ、体勢をわずかに立て直した零戦三二型は、そのまま村の東側を通過して、郊外の畑地の方角へと蛇行しながら飛び去ったのであった。

最悪の事態が回避されたことを理解した村人たちは、口々に安堵《あんど》の言葉を漏らした。

ここにおいて、杉浦は操縦席からようやく脱出し、落下傘を開いた。抜け殻となった機体は、間もなく空中で爆発。夥《おびただ》しい火の粉が、大地に降った。

間一髪で脱出に成功した杉浦だったが、彼のすぐ背後には敵機であるグラマンF６Fがすでに肉薄していた。猛烈な機銃掃射が彼を襲う。

無数の銃弾が落下傘の布地を破った。仍《よ》って、杉浦の身体は速度を緩めること能《あた》わず、そのまま地面に向かって落下するしかなかった。結果、彼の肉体は大地に激しく叩き付けられたのである。

その一部始終を畑から仰ぎ見ていた呉成受さんは、友人たちと共に、操縦士の落下したと思われる地点へと走った。

「養殖池の近くでした。彼の身体は、仰向けになって倒れていました。両手両足を広げて、まるで漢字の〈大〉の字のような姿でした」

息が無いのは一目瞭然だった。

彼が履いていた飛行靴には、「杉浦」という文字が記されていた。

その後、ものの三〇分ほどで日本軍の兵士たちが姿を現し、速やかに遺体を引き取っていったという。

この日、以上のような光景を目の当たりにした住民たちは、

「機体が集落に直撃するのを避けようとして、あの搭乗員は逃げ遅れた」

と口を揃えた。

戦死後、杉浦は海軍少尉に昇進。彼の故郷である水戸市で行われた合同葬において、杉浦の御霊《みたま》も他の戦死者たちと共に弔われている。

戒名は「忠勝員義阿繁峰居士」である。

奇譚の流布

玉音放送は台湾の地でも聴くことができた。敗戦の結果、日本は台湾の領有権を放棄した。

日本人は台湾の地から引き揚げていったが、その粛然《しゅくぜん》とした様子は地元の人々の感銘を誘った。台湾はその後、社会として保たれるべき均衡を喪失した。蔣介石の率いる中国国民党が大水のごとくこの地を侵し、一党独裁による恐怖政治を敷いた。

台湾の人々はこの状況を「犬が去って豚が来た」と評した。言うまでもなく、「犬」が日本人、「豚」は中国人を指している。

国民党による支配体制は、苛烈な弾圧によって維持された。日本統治時代の記憶も、少しずつ遠くなった。

そんなある時のことである。台南市郊外の一帯に奇妙な噂話が流布した。「養殖池の附近に男の亡霊が出る」「白い服を着た日本の若い軍人が枕元に立つ」といった内容である。風説は徐々に拡がっていった。

前述の呉成受さんは、自身が霊的な体験をすることはなかったが、そういった類いの話は周囲から頻繁に聞いたという。

とにかく、住民たちは漠たる不安を抱いた。

このような状況に至り、杉浦の最期の場面を目撃していた者たちは、すぐに得心するところがあった。そして彼らは、自分たちがかつて見た光景を、仔細《しさい》にわたって皆に話したのである。

ただし、この時点においても、集落を救った零戦搭乗員の身元について住民たちが知り得ていたのは、飛行靴に書かれていた「杉浦」という名字だけであった。

それでも住民たちは、村の朝皇宮《ちょうこうぐう》という寺院に祀られている神様である「保生大帝《ほせいたいてい》」に「お伺い」を立てた。保生大帝とは一〇世紀に福建省の泉州に生まれた実在の医者で、長く「医薬の神」として信仰を集めてきた存在である。換言すれば、この土地の「守り神」であった。

高僧によって執り行われる「お伺い」の方法は、以下の通りである。まず、三日月形の木片を手に二つ持つ。丸みのあるほうが表、平たいほうが裏である。

次に、神様に訊《たず》ねたい事柄を一つだけ心の中で唱えてから、木片二つを地面に投じる。片方が表、片方が裏ならば「吉」「陽」という意味であり、両方とも表、あるいは両方とも裏であった場合は「凶」「陰」となる。

つまり、この手法を繰り返すことによって、神様の意思を聞き出していくのである。木片は「神様の耳」を表している。台湾の地において、この手法は古くから伝わる代表的な卜占《ぼくせん》の一つだという。

保生大帝への以上のような「お伺い」の結果、「亡霊の正体は杉浦」であり、延《ひ》いては「彼を祀る祠《ほこら》を建立《こんりゅう》すべし」との意思が、村人たちに告げられたのであった。

身を挺《てい》して集落を守った人物に対し、永遠に朽ちない不動の謝恩を表明して報いようというのである。

一人の古老の証言

村人たちが言及した「白い服」とは、海軍第二種軍装のことだったのであろうか。日本兵にまつわる奇譚《きたん》は、台湾の他にもフィリピンやミャンマーなど、東南アジアの各地に存在する。その中には、模糊《もこ》とした胡乱《うろん》な話も少なくない。

私には、この類いの現象に関する知識は乏しい。従って、科学的な見地に基づく詰将棋のような追究は困難である。けれども、信心深い台湾の人々が示した誠意と感謝という心事に、一脈の瞞着《まんちゃく》も存しなかったことは事実であろう。

もう一つ思うのは、たとえ集落を守るために自らの身を危険に晒《さら》し、その結果として命を落とした人物がいたとしても、それまでの日々において、もしも地域の人々から疎《うと》まれた存在であったならば、このような謝意は寄せられなかったであろうという点である。

日本統治時代の最後の台南市長である羽鳥又男《はとりまたお》は、この地に残る歴史的な文化財を尊重し、保存のための運動に尽力した。戦時下にもかかわらず、街の旧跡である赤崁楼《せきかんろう》や孔子廟《こうしびょう》を修復したのは彼の強い意向の結果である。今も残る赤崁楼の敷地内には、羽鳥の胸像が建立されている。

取材時、八五歳になるという台南市生まれの一人の古老に、戦時中の日本の印象について話を聞いた。通訳を介しての会話であったが、日本語が折に触れて交じった。

「統治下にあり、しかも戦争中でしたから、日本に対して良い思い出ばかりというわけではありません。警察や軍隊に恐怖を感じたことがあるのも事実です」

抑揚のある口調が、遠い過去を辿《たど》る。

「それでも、当時の日本人には規律があって、親切な人が多かったと思います。それから、独特の毅然《きぜん》とした雰囲気と言いますか、彼らのどことなく凛々《りり》しい姿が記憶に残っています」

すべての歴史は、善と悪との狭間にて揺蕩《たゆた》う。慈母《じぼ》か暴君かという目盛りしか刻まれていない定規では、万事もつれる人間社会の濃《こま》やかな肌触りを知覚できない。

一呼吸置いた私は、「好きな日本語」の有る無しを訊ねた。「アリガトウ」「サヨウナラ」といった半ば予期した通りの言葉が幾つか続いた後、老人が口にしたのはやや意外な一語であった。すなわち、彼の唇《くちびる》は、

「オカエリナサイ」

と動いたのである。縷々《るる》とした説明が始まる。

「日本人の友達の家に遊びに行った時のことです。夕方に彼のお父さんが帰宅したんですね。そうしたら、その友達も他の家族の人たちも玄関のところで両手をついて、〈オカエリナサイ〉と言って頭を下げたのです。私は驚きました。〈なんて美しい人たちだ〉と感激したのをはっ

きりと覚えています。言葉の響きも何とも言えずきれいで、それ以来、私の好きな日本語の一つになりました」

§

一九七一年、杉浦の殉職《じゅんしょく》の地から程近い四坪ほどの敷地に、小さな祠が設けられた。

ただ、外省人（在台中国人）から「何故《なぜ》、日本の軍人の祠など建てたのだ」といった抗議が寄せられることも少なくなかったという。

しかし、この祠が建立された後、霊的な証言はみるみる内に消え、さらには村が豊作に恵まれるなど、天佑《てんゆう》が相次いだ。

このような経緯もあって、祠を訪れる者の数は次第に増えていった。元第二〇一海軍航空隊分隊長である森山敏夫さんの協力により、杉浦の素性や、戦闘時の詳細も判明した。森山さんは杉浦の上官に当たる人物だった。

その後、土地の人々の間から「祠をより大きくしたい」という声が上がるようになった。結句、彼らは再び朝皇宮に「お伺い」を立てたのである。

迎えた一九九三年、「お伺い」の結果を元にして、朝皇宮管理委員会は、「拡張計画の実施」

を衆議一致で可決。祠は「廟」として拡充されることになった。

こうして「飛虎将軍廟」の造営が始まったのである。

ただし、一口に「廟」と言っても、その形態は多種多様である。道教や仏教、さらには儒教など様々な様式の廟が台湾には混在する。実在した人物が「神様」として祀られている場合も多く、道教式の飛虎将軍廟もこの例に当てはまる。

台湾の人々にとって、「廟を建てる」という行為は、最大の感謝を表するものであるという。造営の際には、多くの地元住民たちが浄財《じょうざい》を寄せて協力した。

体制としては、「朝皇宮からの分祀《ぶんし》」というかたちとなった。今も飛虎将軍廟の管理・運営は、朝皇宮の手によって行われている。

敷地はおよそ五〇坪にまで広がった。この拡張計画によって建立されたのが、現存する廟ということになる。

飛虎将軍廟

多くの人や車が往来する賑《にぎ》やかな街角に、飛虎将軍廟は建っていた。界隈《かいわい》には、食堂や雑貨屋などの店舗が軒を連ねている。杉浦の殉職時には、畑や養殖池の広がる素朴《そぼく》な土地だったはずだが、今では大きく様変わりしている。

本堂は反りのある瓦葺《かわらぶ》きで、瓦には派手な朱色の釉薬《ゆうやく》が使用されている。大棟《おおむね》の部分には、原色に彩られた屈強な竜の装飾が施されている。

廟内に入ると、外の喧噪《けんそう》とは異質の空間のごとき荘重な雰囲気に包まれる。壁や床に惜しげも無く配された大理石が、涼《りょう》とした空気を醸《かも》し出している。

威風堂々《いふうどうどう》たる祭壇の両脇には、日本と中華民国の旗が向き合ったかたちで飾られていた。正殿の正面に、祭神である杉浦を模した三体の像が音もなく鎮座している。精悍《せいかん》な面構えをした中心の一体が本尊で、左右の小振りな二体は分身としての像であるという。幾つかの資料の中には「三名が祀られている」という記述が散見されるが、それは正しくない。

三尊とも軍帽と軍服を着用した姿である。肩からは、色鮮やかな刺繍《ししゅう》の施された輪袈裟《わげさ》のようなものを羽織っている。

祭壇の前の供物台《くもつだい》には、林檎《りんご》やバナナといった果物が整然と献じられていた。杉浦の誕生日には、その前夜から盛大な祝いの行事が催されるという。

飛行服姿の杉浦の肖像写真が、壁に飾られていた。人並み以上に目鼻立ちの整った美男子である。

壁には幾つかの漢詩が記されているが、「忠義」「護国」といった言葉が目立つ。祭壇の脇には、零戦の模型も置かれていた。

杉浦機の最期を目撃したという呉成受さんも、この廟に多くの寄付を行っている。

「村を救ってもらったのだから、感謝の気持ちを表すのは当然のことです。私の息子も、机や椅子《いす》などを廟に寄贈しています」

呉さんはそう言って微笑んだ。人としての月並みな温かみや奥床しさが、彼女の周囲には溢れていた。

私は彼女との語らいの間、今は亡き我が祖母と時を過ごしているような錯覚を何度も味わった。話し方や表情、仕種《しぐさ》、立ち居振る舞いなどが、妙に重なるように思えたのである。戦後の日本人が総じて忘却してしまった「日本人らしさ」が、台湾の地に静やかに残っていると感じた。

同時に私は、日本で久しく聞かなくなった「知恩《ちおん》」という言葉を追懐していたのである。

続いて、朝皇宮の主任委員である呉進池さんに、飛虎将軍廟について聞いた。ちなみに、既出の呉成受さんとは同姓であるが親類関係はない。「呉」という姓は、この辺りでは特に多いのだという。

「早朝の五時頃に、門を開けて掃除をします。そして、午前七時に『君が代』、午後四時には『海ゆかば』などの日本の軍歌を流しています」

話を伺っている最中にも、子供連れの母親が、香炉《こうろ》に線香を立てて一心に何かを祈っていた。台湾では参廟して神に祈願することを「拝拝《パイパイ》」と呼ぶ。一般的に「拝拝」の際の願いは、現世利益を求める色が濃く、その内容は無病息災や学業成就、結婚、商売繁盛など多岐にわたるという。

「神様の耳」を意味する三日月形の木片は、飛虎将軍廟にも置かれている。参拝者たちは生涯の重大事について、この木片を使って飛虎将軍に「お伺い」を立て、彼の意思を受け取るのである。

名も知らぬ母子の参拝姿を通じて、この廟が当地の人々の営みに確然と根付いている様子を窺《うかが》い知ることができた。

小学校での取り組み

そんな飛虎将軍廟が、不慮の火災に見舞われたのは二〇一一年一〇月のことである。本堂からの突然の発火により、壁や天井の一部を焼失。建物自体が焼け落ちるようなことはなかったが、修繕工事を余儀なくされた。幾つかの備品も失われ、本尊の顔も煤《すす》で黒くなったという。

爾後の詳しい調査により、出火の原因は放火と判明。容疑者として、一人の中年女性が検挙された。女性の夫が外省人系の反日的な人物で、その影響から犯行に及んだと言われている。朝皇宮の主任委員である呉進池さんは言う。

「何ともひどい事件でした。許すことのできない犯罪です。しかし、私たちはこの時、〈やっぱり飛虎将軍は凄い〉と話し合いました」

「どうしてでしょう？」

「何故なら、本堂にはガソリンを使った暖房器具なども置かれていたのに、引火することがなかったからです。もし、燃え移っていたら、建物の全焼は免れなかったでしょう。ですから、〈飛虎将軍が護ってくれたのだ〉と私たちはそう思ったのです」

§

飛虎将軍廟と近接する安慶小学校では、「飛虎将軍の物語」を郷土教育の一環として、二〇一二年の秋より授業の題材に取り入れている。校長である黄俊傑さんが、「他人を思いやる気持ちを児童たちに学んでほしい」との思いから、朝皇宮と提携して始めたのであった。

校長の意向を受けて、教師たちは冊子を作成。さらに「安慶人のお手本」という題名の歌も作った。同校の教諭が描いたカラーのマンガも印刷、配布されている。

杉浦の誕生日には、同校の一同で飛虎将軍廟を参拝し、物語の朗読と歌の披露が行われた。その後、杉浦の逸話を芝居にも仕立てた。飛虎将軍廟の本堂の壁には、その時の写真が飾られている。

「日の丸」の記された紙製の零戦に乗った子供たちが、真剣味を帯びた表情で演技しているその姿は、健気《けなげ》で可憐《かれん》な生彩に充ちている。この劇は、とある演劇の発表会において、「内容が優秀」ということで表彰されたという。

授業では、杉浦の逸話に関するテストも行う。史実と内容を的確に理解できているか、試験を通じて確認するのが目的である。呉進池さんが委曲を尽くす。

「学校は人間としての道徳を教えるべき場所です。それが文化を生み出します。単に勉強だけしていても駄目なのです。『他人をどうやって助ければよいか』といった大切な事柄を、小さい頃からしっかりと教えていく姿勢が重要です。おかげさまで、生徒たちも非常に大きな関心を示してくれています」

呉さんのところには、他の小学校からも問い合わせが相次いでいるという。

「こうした活動を今後も広げていくつもりです。飛虎将軍の話は、ここ台南市では有名ですが、台湾全体ではまだまだ知らない人が多いですから」

呉さんが言葉を丁寧に重ねる。

「しかし、とにかく日本の方々にこの廟に来てほしいというのが、私たちの最大の願いですね」

澱《よど》みなくそう言った彼は、控え目に口元を少し緩ませた。

日本人の精神の輪郭

台湾で末期《まつご》を迎えた一人の日本兵の物語は、当地では今も遺徳として偲《しの》ばれている。杉浦が身をもって示した精神は連綿と語り継がれ、そこから多くの教訓が導き出されている。

然《しか》るに、当の日本人はかかる史実があったことを知らない。とりわけ軍人にまつわる逸話は「軍国美談」の一言で片付けられ、刻下においても白眼視される風潮が根強い。ましてや台湾のように教材の一つとして学校の授業で取り扱うことについては、ある種の独特な困難が伴うであろう。

台湾の人々は、そんな日本人の姿に一抹《いちまつ》の寂しさを感じている。

近代史を恣意的に政治利用する近隣国の態度に条理の乏しいことはさることながら、掲《か》てて加えて、GHQという一匹の蜘蛛《くも》が吐き出した占領政策の細い糸から未だに確と脱することのできない日本とは、果たして如何《いか》なる国家なのだろう。国柄を蒸発させ、精神の故郷を喪失した日本人が、その末に向かう先は果たして何処《いずこ》か。

もとより内省的な民族性は、長所でもあるが短所にも成り得る。絡み付いた白糸を解いてゆくには、祖国を貫く緻密《ちみつ》な物語に対して真摯に目を向け、息遣いの起伏に耳を傾けながら、世の移ろいの苦みを忘れず、因縁《いんねん》の逢着《ほうちゃく》に嘆息《たんそく》し、時代を形作った人々の背中をしめやかに愛《いと》おしむより他にないであろう。

「鎮魂」とは、このような態度から滲《にじ》み出るものに相違ない。

§

飛虎将軍廟では、朝と夕方に三本ずつ、煙草を本尊に捧げている。これは、愛煙家だった杉浦を憶ってのことであるという。

廟の案内を無償で務めてくれた女性通訳の郭秋燕さんが、火を点じたばかりの煙草を丁重に奉じながら、きれいな日本語を操る。

「この煙草は、普通よりも早く燃えるんですよ」

「何故でしょうか?」

私の問いに対し、郭さんはやや茶目っ気の含まれた言い方でこう答えた。

「飛虎将軍はヘビースモーカーなのかもしれませんね」

一幅の絵画のような景趣の中で、幾筋かの煙だけが艶《なまめ》かしく揺れる。上へ向かうほど、その輪郭はぼやけてゆき、やがて寂滅《じゃくめつ》する。歴史も亦《また》、似たようなものなのかもしれない。

郭さんが、さりげなく不思議なことを言う。

「飛虎将軍がここに居る時には、煙は像の近くへと流れます。居ない時には、像から離れていきます」

興趣《きょうしゅ》を覚えた私は、思わず問うた。

「本当ですか？　そもそも居る時と居ない時があるのですか？」

郭さんは、私の質問こそ奇妙だというような表情を浮かべてから、如何にも確信に充ちた口調で話す。

「当然です。何故なら、飛虎将軍は多くの人たちの願いを叶えるため、色々な場所に駆け付けるのですから」

三本の煙草から立ち上る紫煙は、多頭の竜のごとく、時に舞うように、時に這《は》うようにして、ゆらゆらと像から離れた方向へと流れていた。

「今は居ないのですね？」

郭さんが言下に応じる。

「そう。誰かのところに行っています。つまり――」

和やかな表情と共に、郭さんはこう付け加えた。

「飛虎将軍は、とても忙しいのです」

台湾で神となった日本の軍人は、諸人《もろびと》から託された所願を叶えるため、今日も鳳凰木の葉陰《はかげ》の落ちる街を飛び廻っている。

そして、私は気が付いたのである。奔放なる煙の浮游《ふゆう》する方向が先ほどまでとは俄《にわか》に転じ、像に向かって漂っていることに。浮世の表《おもて》にて一仕事を終えた彼が、漸う《ようよ》帰着したのであろう。

オカエリナサイ。

著者略歴

早坂 隆（はやさか・たかし）

1973年、愛知県生まれ。ノンフィクション作家。『昭和十七年の夏 幻の甲子園』（文藝春秋）で第21回ミズノスポーツライター賞最優秀賞を受賞。他の著作に『指揮官の決断　満州とアッツの将軍　樋口季一郎』『永田鉄山　昭和陸軍「運命の男」』（ともに文春新書）、『大東亜戦争の事件簿 —— 隠された昭和史の真実』『祖父が見た日中戦争　東大卒の文学青年は兵士になった』（ともに育鵬社）など多数。顕彰史研究会顧問。

大東亜戦争秘録
――掻き消された市井の人たちの生きざま、死にざま

発行日　2023年8月10日　初版第1刷発行

著　　者　早坂 隆

発 行 者　小池英彦

発 行 所　株式会社育鵬社
〒105-0023
東京都港区芝浦1-1-1　浜松町ビルディング
電話03-6368-8899（編集）
http://www.ikuhosha.co.jp/

株式会社扶桑社
〒105-8070
東京都港区芝浦1-1-1　浜松町ビルディング
電話 03-6368-8891（郵便室）

発　　売　株式会社扶桑社
〒105-8070
東京都港区芝浦1-1-1　浜松町ビルディング
（電話番号は同上）

装　　丁　新 昭彦（ツーフィッシュ）

ＤＴＰ制作　株式会社ビュロー平林

印刷・製本　サンケイ総合印刷株式会社

ISBN 978-4-594-09417-1

本書のご感想を育鵬社宛にお手紙、Eメールでお寄せください。
Eメールアドレス　info@ikuhosha.co.jp